La sfida transdisciplinare per una civiltá sostenibile
Focus e modelli di intelligenze e saperi

Paolo Orefice e Carlo Orefice
(Coordinatori)

La sfida transdisciplinare per una civiltá sostenibile

Focus e modelli di intelligenze e saperi

Libro del Terzo Congresso Mondiale
della Transdisciplinarità - 3CMT (2020-21)
realizzato dalla Cattedra Transdisciplinare UNESCO
"Sviluppo Umano e Cultura di Pace"
dell'Università di Firenze
VOLUME III del 3CMT

sb

México - Madrid - Santiago - Montevideo - Asunción - Lima - Buenos Aires - Bogotá - Quito

La sfida transdisciplinare per una civiltà sostenibile : Focus e modelli di intelligenze e saperi / Paolo Orefice ... [et al.] ; coordinación general de Paolo Orefice ; Carlo Orefice. - 1a ed. - Ciudad Autónoma de Buenos Aires : Sb, 2023.

184 p. ; 23 x 16 cm. - (Complejidad, trandisciplinaridad, decolonialidad, semiosis y análisis del discurso / Julieta Haidar ; 5)

ISBN 978-631-6503-87-9

1. Pedagogía. 2. Medicina. I. Orefice, Paolo, coord. II. Orefice, Carlo, coord.

CDD 306.42

ISBN spagnolo: 978-631-6503-86-2. Desafío transdisciplinario para la civilización sostenible. Enfoques y modelos de inteligencias y saberes

Director general: Andrés C. Telesca (andres.telesca@editorialsb.com.ar)
Coordinadora de colección: Julieta Haidar (jurucuyu@gmail.com)
Diseño de cubierta e interior: Cecilia Ricci (riccicecilia2004@gmail.com)
Diseño de imagen principal de cubierta: Oscar Ochoa Flores

Indice

Prefazione
Il Terzo Congresso Mondiale della Transdisciplinarità: obiettivi e futuro

Julieta Haidar

Il **Comitato Organizzatore internazionale** del III Congresso Mondiale della Transdisciplinarità (integrato da Julieta Haidar, Presidente del 3CMT) presenta una valutazione transdisciplinare sintetica, come documento della chiusura ufficiale del 3CMT, realizzato *on line* dal 30 ottobre 2020 al 15 ottobre 2021.

Hanno fatto parte del Comitato: Julieta Haidar, Presidente, Marco Tulio Pedroza Amarillas e Oscar Ochoa Flores, rappresentanti del Centro di Transdisciplinarità e Complessità - TRANSCOMPLEXA, Messico; Paolo Orefice, Titolare della Cattedra Transdisciplinare UNESCO Sviluppo Umano e Cultura di Pace dell'Università di Firenze - CTU, Italia; Florent Pasquier, Presidente e Bénédict Letellier, rappresentanti del Centro Internazionale di Ricerche e Studi Transdisciplinari - CIRET, Francia; Maria Fernández de Mello, Presidente e Vitória Mendonça de Barros, rappresentanti del Centro di Educazione Transdisciplinare - CETRANS, Brasile.

Obiettivi e proposte del Terzo Congresso Mondiale TD/v

a. Processi dialogici fondamentali per il XXI secolo, tra 6 Epistemologie Critiche d'Avanguardia: Epistemologie Ancestrali, Epistemologia della

Transdisciplinarità, Epistemologia della Complessità, Epistemologia Decoloniale, Epistemologia del Sud, Epistemologia Materialista rivisitata, per sviluppare conoscenze transdisciplinari complesse, decoloniali per affrontare i problemi del mondo, dell'umanità nel XXI secolo.

b. Rottura delle frontiere tra i campi cognitivi: Scienze Naturali ↔ Scienze Sociali/Umane ↔ Scienze Esatte ↔ Scienze Tecnologiche ↔ Scienze Artistiche ↔ Filosofia ↔ Religione.

c. Analisi dei complessi processi transculturali nell'era digitale e della globalizzazione, per riconoscere e valorizzare tutti i processi cognitivi che rompono con l'egemonia integrando saperi ancestrali e tradizionali della Madre Terra.

d. Superamento dell'insostenibile società globale dell'Antropocene, per realizzare una nuova umanità più matura, una nuova civiltà inclusiva, equa e sostenibile del Soggetto Transdisciplinare, dove non esista spazio per conflitti bellici e violenze politiche ed etniche.

e. Superamento di forme discriminatorie ed esclusive dell'educazione, per sviluppare ed implementare modelli pedagogici transdisciplinari per un'educazione di qualità lungo tutta la vita, e per l'inclusione di soggetti in situazione di fragilità e oppressione, in ogni contesto sociale e di vita.

f. Ricostruzione del rapporto Natura ↔ Cultura, per difendere la biodiversità dal cambiamento climatico e promuovere una convivenza democratica tra tutti gli esseri viventi della Terra.

La Transdisciplinarità, come attitudine epistemologica ↔ ontologica per comprendere l'essere umano nel processo di civilizzazione, sviluppa e integra molte teorie e metodologie differenti, come abbiamo potuto osservare durante il 3CMTD/v. La sfida nell'applicazione della Transdisciplinarità risiede nel modo in cui il ricercatore percepisce il fenomeno e sviluppa il suo oggetto d'indagine. Il focus disciplinare classico associato al paradigma positivista postula la realtà come oggetto indipendente dall'osservatore: ipotesi determinista e assiomatica; razionalità analitica basata sulla logica del terzo escluso e con una metodologia riduzionista, non multidimensionale. Nel focus transdisciplinare è incluso il soggetto osservatore: l'ipotesi è transdisciplinare, complessa; il focus è sistemico, integrando i livelli di realtà in cui sono inseriti sia il soggetto che l'oggetto.

Gli 8 assi che sono stati sviluppati con i loro rispettivi sotto-assi, sono i seguenti:

1. I fondamenti della Transdisciplinarità; 2. Epistemologie d'Avanguardia, Ontologie; 3. L'educazione transdisciplinare; 4. Relazione tra le Scienze e la

Transdisciplinarità; 5. La Transdisciplinarità: Spiritualità e Religione; 6. La Transdisciplinarità di fronte alle sfide contemporanee; 7. La Transdisciplinarità e l'Arte; 8. Le Pratiche/Azioni Transdisciplinari.

Il futuro della Transdisciplinarità

Il 3CMTD/v, in quanto laboratorio straordinario, ci ha spinti a interrogarci sull'origine e il destino della Transdisciplinarità, dato che esige decisione e apertura per accettare tutto ciò che di nuovo può emergere. Partendo dai dialoghi generati, sono stati ripresi gli orizzonti annunciati dalla TD, i quali si proiettano come cammini e ponti per il IV Congresso Mondiale della TD. In questo senso, tra le tante proposte, vogliamo evidenziare le seguenti:

a. Contributi della Transdisciplinarità all'Etica, la Filosofia, lo Stato di Diritto, orientati al dialogo con le Culture Ancestrali da una posizione etica e politica che dà visibilità a quei saperi ancestrali che incidono sulla sostenibilità e l'alfabetizzazione ecologica, realizzando nuove tecnologie e forme d'intervento nelle produzioni culturali.

   Da tali contributi, si auspica il sorgere di una giustizia cognitiva coinvolta nell'Umanizzazione del Mondo TD, per aiutare a superare la crisi mondiale di civiltà.

b. Il processo formativo transdisciplinare va oltre la conoscenza intellettuale, riconoscendo che la TD esiste nella vita quotidiana e al di fuori di essa, ricorrendo all'intelligenza relazionale, emozionale, in modo solidale.

c. Creazione di una Rete Transdisciplinare Globale che riunisca persone e istituzioni pubbliche e private, disposte a promuovere connessioni per migliorare il pensiero e le azioni della TD, scambiando esperienze, saperi, includendo la situazione cruciale del mondo e le comunicazioni intergenerazionali. Questa organizzazione darà voce ai suoi rappresentanti senza un'egemonia prestabilita, che sia accademica, culturale, nazionale, religiosa, di genere o etnica. In questo senso, tale organizzazione è cosciente del fatto che la sua esistenza è guidata dalla TD.

L'orizzonte annunciato nel 3CMTD/v è promettente. Ciò che trova spazio nel cuore di questo grande laboratorio transdisciplinare è un vibrante invito a tutti noi ad andare avanti; noi esseri straordinariamente transdisciplinari, con la speranza di contribuire alla nascita di un mondo sempre più giusto, sostenibile, democratico e pacifico, per tutti: Umani e Natura come parte dell'enigma e mistero dell'armonia cosmica.

I 4 COMITATI ORGANIZZATORI

CNTRE INTERNATIONAL DE RECHERCHES ET ÉTUDES TRANSDISCIPLINAIRES
(CIRET - FRANCE)

BASARAB NICOLESCU - Presidente Onorario del
III Congresso Mondiale della Transdisciplinarità

FLORENT PASQUIER - Presidente del CIRET

BÉNÉDICT LETELLIER - Vicepresidente del CIRET

ESCUELA NACIONAL DE ANTROPOLOGÍA E HISTORIA/INSTITUTO NACIONAL DE ANTROPOLOGÍA E HISTORIA **(ENAH/INAH - MÉXICO)**

Antropologo DIEGO PRIETO HERNÁNDEZ - Direttore Generale del INAH

Antropologo HILARIO TOPETE LARA - Direttore della ENAH

Dra. JULIETA HAIDAR - Presidente del
III Congresso Mondiale della Transdisciplinarità

MARCO TULIO PEDROZA AMARILLAS - Transcomplexa ENAH

OSCAR OCHOA FLORES - Transcomplexa ENAH

CATTEDRA TRANSDISCIPLINARE UNESCO SVILUPPO UMANO E CULTURA DI PACE DELL'UNIVERSITÀ DI FIRENZE **(CTU - ITALIA)**

Prof. Emerito di Pedagogia Generale e Sociale PAOLO OREFICE - Direttore
Cattedra T. UNESCO Università di Firenze

Prof. CARLO OREFICE - Università di Siena / Cattedra T. UNESCO
Università di Firenze

CENTRO DE EDUCAÇÁO TRANSDISCIPLINAR **(CETRANS - BRASIL)**

MARIA FERNÁNDEZ DE MELLO - Fondatrice e Membro del Consiglio
CETRANS

VITÓRIA MENDONÇA DE BARROS - Fondatrice e Membro del Consiglio
CETRANS

I 3 LIBRI DEL CONGRESSO

1. Julieta Haidar, Marco Tulio Pedroza, Oscar Ochoa (a cura di):
Miradas transdisciplinarias a procesos transculturales contemporáneos.
Sembrando esperanza para un nuevo mundo
(Casa Editorial Analéctica, giugno 2023)

2. Maria Fernández de Mello e Vitória Mendonça de Barros (a cura di):
Um caminho transdisciplinar. Experiências e compreensões
(Sb editorial, novembre 2023)

3. Paolo Orefice e Carlo Orefice (a cura di):
Desafío transdisciplinario para la civilización sostenible.
Enfoques y modelos de saberes (anche in italiano)
(Sb editorial, dicembre 2023)

Il libro CTU del 3CMT

Paolo Orefice e Carlo Orefice

Il presente libro del Terzo Congresso Mondiale della Transdisciplinarità (3CMT)[1] è strutturato secondo i Focus TD della *Cattedra Transdisciplinare UNESCO Sviluppo Umano e Cultura di Pace dell'Università di Firenze* (CTU)[2]. Qui di seguito il programma delle sei settimane della CTU[3].

---

1 https://www.tercercongresomundialtransdisciplinariedad.mx/

2 Il lavoro della Cattedra Transdisciplinare UNESCO (CTU), istituita nel 2006, è incentrato sul progetto pluriennale *"The historical challenge of the planetary civilization, towards the Earth's Humanism, in search of the 'co-science' and 'co-growth' beyond the violence"*, articolato nei tre macro-programmi *"The Complex Research"*, *"The Earth Citizenship"*, *"The Care of the Common House"*, realizzati sul campo grazie alla metodologia della Ricerca Azione Partecipativa Transdisciplinare (RAP-T), che valorizza la relazione tra i saperi. La teoria e la pratica della RAP-T sono state perfezionate negli anni grazie agli studi, le esperienze e i progetti educativi e di sviluppo integrato di comunità territoriali in Italia e all'estero, con partner locali, nazionali e internazionali, istituzionali e associativi, in particolare nei paesi dell'America Latina e dell'Africa. Il lavoro complessivo della Cattedra fa riferimento alle Azioni prioritarie dell'UNESCO, in relazione all'Agenda UN 2030. La partecipazione della CTU al Terzo Congresso Mondiale della Transdisciplinarità, nel quale il titolare della Cattedra è stato presidente di uno dei quattro comitati organizzatori internazionali, rappresenta la fase più recente del progetto pluriennale: https://www.utc.unifi.it/.
Nel lavoro del Congresso hanno preso parte anche il team della CTU dell'Università di Firenze (i professori Marco Fioravanti, Elisabetta Cerbai, Donato Romano, Benedetta Baldi, Alessandro Cocchi) e il team di lavoro dell'Università di Siena (i professori Carlo Orefice, Loretta Fabbri, Francesca Bianchi, Claudio Melacarne, Mario Giampaolo, Alessandra Romano).

3 Applicazione del Modello TD(1) dei Livelli e Campi della conoscenza della realtà, spiegato in paragrafo successivo.

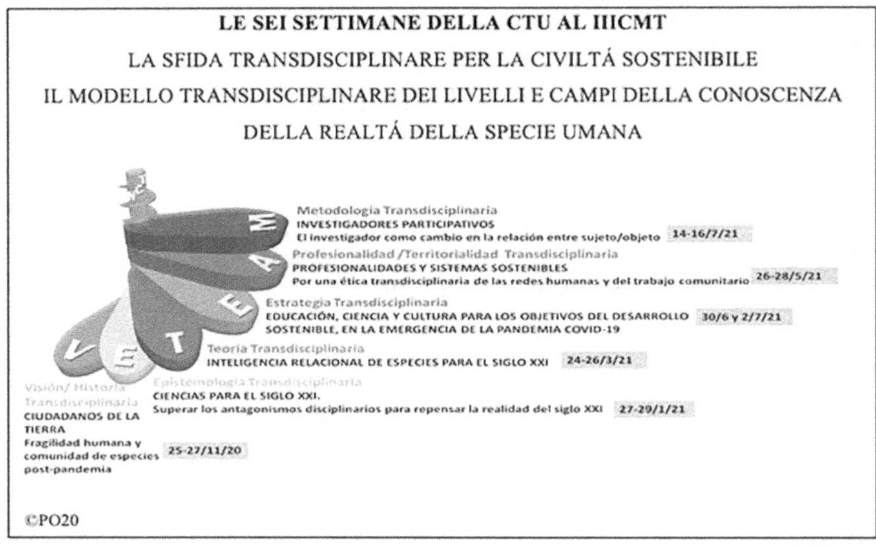

Il programma della CTU è stato presentato all'inaugurazione del Congresso il 30 ottobre 2020 e valutato alla sua chiusura il 13 ottobre 2021.

Programma dell'inaugurazione

Poster della Conferenza Magistrale di B. Nicolescu

L'esperienza di un intenso anno di lavoro *on line* del Congresso mondiale è stata straordinaria. Non soltanto per l'unicità della sua durata, ma anche per la novità di un viaggio intorno al mondo, realizzato rimanendo paradossalmente chiusi in casa a causa del Covid.

È stato un incontro tra persone provenienti da 48 paesi dei diversi continenti, in situazioni complicate dal *lockdown*, che hanno evidenziato il desiderio di realizzare insieme il cammino verso una convivenza nuova e più civile sulla Terra, in un momento in cui fragilità di vario tipo stavano mettendo alla prova l'intera specie umana.

Il 30 ottobre 2020 abbiamo dato inizio alle settimane congressuali della CTU, presentando la struttura transdisciplinare distribuita durante le 6 settimane previste dal programma annuale. Questo libro le riprende nei suoi capitoli, anche se in modo sintetico, a chiusura dell'esperienza, insieme a tutti i chiarimenti e approfondimenti apportati.

Il percorso transdisciplinare si è poi arricchito ulteriormente grazie all'impegno di lavorare con colleghi provenienti da diversi continenti nella realizzazione e cooperazione di altre 8 settimane insieme alla Presidenza del Congresso[4].

Inoltre, va sottolineata la rilevante esperienza congressuale in collegamento con l'UNESCO, grazie a sinergie con la sede centrale di Parigi (Programma UNESCO UNITWIN e altri Servizi d'Educazione, Scienza e Cultura), le sedi regionali (in Africa ed Europa) e la Commissione Nazionale Italiana per l'UNESCO. In particolare, quest'ultima ha coordinato la partecipazione delle Designazioni italiane UNESCO coinvolte nella Settimana congressuale italiana inerente al tema "Strategie di reti nello sviluppo sostenibile", a cui hanno partecipato *Scuole Associate UNESCO, Città creative UNESCO, Learning Cities UNESCO e Cattedre UNESCO*[5].

---

4   Si fa riferimento alle 8 settimane in collaborazione con le reti dell'Africa: REFICA - Réseau des Fondations et Institutions de Recherche pour la promotion d'une Culture de Paix en Afrique, Fondation Félix Houphouët-Boigny pour la Recherche de la Paix (Costa d'Avorio): *La Pace, La cultura africana. Il dialogo interreligioso, l'Africa e la pandemia del coronavirus: focus scientifico e culturale.* REDES - Réseau pour l'émergence et le développement des écovillages au Sahel, Dakar (Sénégal): *Decolonizzazione in Africa e America, Educazione e Transizione, Recupero dei Saperi Tradizionali Ecologici, Cultura di Pace e Sviluppo Sostenibile.*

5   Si fa riferimento alle 4 settimane aggiuntive promosse in altre Regioni: CANADA E INDIA. Coordinamento: Cattedra UNESCO Università di Victoria (Canada)/PRIA (India): *Scienza Aperta e decolonizzazione della conoscenza.* CINA E ITALIA. Coordinamento: Cattedra UNESCO Università di Napoli Federico II (Italia) e Cattedre delle Università di Pechino (Cina): *Benefici per la salute della dieta mediterranea e usanze nutrizionali cinesi; Cosa possiamo apprendere dalla medicina tradizionale cinese.* PAESI ARABI E ITALIA. Coordinamento: Città Creativa Fabriano (Italia) e Cattedra Transdisciplinare UNESCO Università di Firenze (Italia): *Città creative per la riqualificazione urbana e territoriale di società educative locali post-COVID per gli Obiettivi dello Sviluppo Sostenibile delle NU (OSS).* INDIA, INDONESIA E ITALIA. Coordinamento: Cattedra UNESCO Università di Genova (Italia) e Cattedra UNESCO di USI (Svizzera) e Comunità Ngalso: *Transdisciplinarità e patrimonio nella tradizione Ngalso e nel paesaggio Borobudur.*

È stata un'occasione preziosa per scambiarsi domande e confrontarsi sulle problematiche mondiali che alimentano la crisi di insostenibilità dello sviluppo globale attuale, aggravata dalla pandemia da Covid e, al tempo stesso, è stata un'occasione unica di comunicazione mondiale, attraverso l'esplorazione della transdisciplinarità, delle nuove fondamentali sfide di civiltà planetaria dell'umanità nella sua totalità.

Soggetto e realtà: oltre il dualismo conoscente-conosciuto

Il punto di partenza dell'approccio TD[6] del libro è dato dal rapporto ricorsivo soggetto-realtà, che genera l'intelligenza dei viventi e stimola la creazione e produzione dei loro saperi specifici: la relazione transdisciplinare tra il soggetto che conosce e la realtà che si rivela da sola va oltre ogni dualismo tra entità opposte "conoscente" e "conosciuto", e sta alla base della rivoluzione epistemologica dell'unità complessa dell'intelligenza dell'essere umano. È un'unità diversificata/differenziata che colloca la conoscenza umana all'apice del processo evolutivo della vita sulla Terra e la rende responsabile delle scelte che compie nei livelli e campi di realtà e conoscenza in cui opera.

Le forme e i contenuti intelligenti dei saperi umani nel corso della storia delle persone, delle società e delle culture danno origine allo sviluppo e alla decadenza delle civiltà che si susseguono sul nostro pianeta.

Di fronte alle logiche oppositive tradizionali del predatore vs la preda che hanno portato alla crisi distruttiva nel corso dell'Antropocene, l'intelligenza transdisciplinare si misura con la sfida contemporanea di realizzare una civiltà sostenibile per le generazioni presenti e future.

La sfida vincente si basa su principi, paradigmi, approcci e modelli transdisciplinari che vanno al di là delle barriere tra ed all'interno delle intelligenze, dei saperi e delle realtà: per edificare la sostenibilità della co-crescita nella co-scienza dei cittadini della Terra, dalle nostre micro-realtà locali alle macro-realtà della nostra biosfera e viceversa, abbiamo bisogno di operare su tutti i livelli e campi di conoscenza implicati nel complesso processo di relazioni della realtà globale e di quelle locali.

In definitiva, l'approccio transdisciplinare richiede di abbandonare ogni segmentazione dei livelli di conoscenza ed ogni azione che li tiene separati tra di loro per il persistere della logica lineare oppositiva; in alternativa, esige

---

6   TD sostituisce *Transdisciplinarità, transdisciplinare e transdiscipline* dopo il primo uso nel testo, ad eccezione nei titoli o in espressioni tra virgolette.

di adottare in maniera sistemica e processuale le connessioni tra gli snodi della conoscenza e le articolazioni della realtà secondo il principio ologrammatico moriniano, in base al quale in ogni singola parte si trova la totalità dell'insieme.

Il sistema aperto di trans-connessioni è chiaro ed evidente: le connessioni intrecciate di livelli e campi di realtà e conoscenze, alimentate dall'esercizio della mente relazionale, definiscono le diversità e, viceversa, le diversità confluiscono attraverso il terzo incluso verso l'unità dell'insieme: è un processo flessibile e adattabile al variare delle situazioni e dei contesti, messo in moto da problemi piccoli e grandi e alimentato da reti di saperi che portano a cambiamenti promotori di realtà sostenibili.

I Focus e i Modelli TD: livelli e campi della sfida del cambiamento sostenibile

Nel caso preso in esame dai progetti pluriennali della CTU e da precedenti esperienze di studio e lavoro sul campo del titolare della Cattedra UNESCO e da collaboratori nelle realtà locali, nazionali ed internazionali di regioni al nord e al sud del mondo, con un'attenzione particolare ai cambiamenti educativi dei processi formativi e dei contesti territoriali, si conferma che gli approcci attorno alla problematica dello sviluppo sostenibile nella civiltà planetaria non possono rimanere chiusi in segmenti disciplinari autoreferenziali. Definire e alimentare lo sviluppo sostenibile, ed ancor più la civiltà sostenibile che lo contiene, rimanda ad una realtà complessa, da quella minima su base locale a quella massima su base planetaria e, dunque, ad una sua esplorazione conoscitiva complessiva e analitica per il cambiamento sostenibile nella vita delle persone e delle comunità: allo scopo vanno chiamati in causa tutti i livelli della conoscenza umana nel rapporto con la realtà, dalla dimensione abitata su micro-scala a quella su scala globale. Questi livelli di conoscenza possono essere situati lungo una scala esplorativa di primi piani o focus, che va dai saperi più generali fino ai più particolari, e viceversa, in un sistema aperto di relazioni che attraversano i corrispondenti campi di realtà: ogni focus di conoscenza-realtà mantiene la sua specificità di relazione, ma si rapporta a ciascuno degli altri focus-realtà spostandosi di livello esplorativo e campo di realtà.

I Focus sono presi in esame a partire dai modelli transdisciplinari di riferimento della *Civiltà e Sviluppo sostenibile,* articolati nei seguenti otto livelli: *Visione / Storia / Epistemologia / Teoria / Strategia / Territorialità / Professionalità / Metodologia.*

Essi coprono l'intero spettro dell'approccio transdisciplinare al binomio Sviluppo/Civiltà con i rispettivi sottolivelli e campi dell'esplorazione conoscitiva e dei cambiamenti della realtà nella direzione della sfida della civiltà sostenibile, descritti in maniera introduttiva. Tali focus e modelli non costituiscono l'unica tipologia di struttura TD della relazione conoscenza/realtà. Rappresentano la cornice TD della teoria e la pratica del modello illustrato nel capitolo 1, a cui fanno seguito i 6 capitoli di testimonianze presentate nel corso delle settimane congressuali curate dalla CTU.

I livelli dei Focus e Modelli sono qui di seguito visualizzati, attraverso la forma ottagonale tridimensionale, in un unico sistema integrato di relazioni reciproche, distribuito in due "emisferi di saperi", che evidenziano rispettivamente la diversa posizione e i ruoli dei livelli nel rapporto conoscenza-realtà.

Modello TD(1) - Livelli e campi di conoscenza della realtà

LIVELLI E CAMPI DI CONOSCENZA DELLA REALTA'

Nell'emisfero superiore sono raffigurati i livelli I-IV dei Focus e Modelli transdisciplinari *Visione / Storia / Epistemologia / Teoria*, che attengono direttamente all'articolazione transdisciplinare dei saperi e, indirettamente, ai cambiamenti nella realtà.

Tali livelli esprimono scale di approfondimento delle relazioni dei saperi umani:

• la *Visione* costituisce il primo livello di conoscenza generale, comune a tutti gli esseri umani in quanto tali: corrisponde ai saperi generali che scaturiscono dalle motivazioni profonde di costruzione di significato della realtà della vita sul piano personale e collettivo degli ideali, passioni, valori delle aggregazioni umane;

- *la Storia* è la variabile trasversale agli altri livelli ed incide sul cambiamento dei saperi dei diversi contesti, come sfondo da tenere in considerazione, sia esso esplicito o implicito; viene associato al livello della Territorialità, trattata più avanti, nella conoscenza attuata dalla scala locale a quella globale, con le quali esprime la relazione spazio-temporale;

- la *Epistemologia* elabora i fondamenti dei saperi in termini di critica della conoscenza umana e di elaborazione logica e metodologica formale, giustificativa dei saperi delle diverse teorie nelle loro connessioni esplicite ed implicite;

- la *Teoria* è il livello maggiormente sostenuto dai livelli precedenti nella sua capacità di generare le elaborazioni non solo interpretative ma anche trasformative della realtà: grazie a questa caratteristica è direttamente implicata con i quattro livelli operazionali che seguono.

Nell'emisfero inferiore sono raffigurati i livelli V-VIII dei Focus e Modelli transdisciplinari: *Strategia / Territorialità / Professionalità / Metodologia*: questi secondi livelli esprimono scale di approfondimento e articolazione della traduzione operazionale dei livelli precedenti di conoscenza in termini di quadri teorici di riferimento, da adottare nei livelli e campi di interventi di cambiamento nella realtà problematica data.

La sequenza dei livelli e campi di applicazione va in una duplice direzione ricorsiva, formalizzata in termini di Focus e Modelli, dalle strategie alle metodologie e tecnologie, e viceversa:

- la *Strategia* compie il primo trasferimento dei saperi del quadro teorico, calandoli nelle forme di conoscenze corrispondenti alla formalizzazione dei principi e dei criteri da adottare negli orientamenti e nelle decisioni politiche, istituzionali e normative e di gestione degli interventi, programmi, progetti e azioni da realizzare come soluzione in risposta coerente ed efficace ai problemi interconnessi nei diversi campi di azione implicati;

- la *Territorialità* esprime l'attivazione di tutti i saperi, informali e formali, che discendono dal quadro teorico TD e che occorrono nella distribuzione delle strategie in un dato territorio in termini di contesti ambientali, target di riferimento, popolazioni interessate, condizioni operazionali, risorse umane e professionali, servizi da attivare, strumentazioni tecniche, coperture budgetarie; questo livello orizzontale di operatività sul campo, come anticipato nella variabile verticale dei suoi cambiamenti nel tempo, riprende la relazione spazio-temporale indispensabile per i cambiamenti transdisciplinari della realtà in causa;

- la *Professionalità* riguarda un altro livello e campo di azione fondamentale, esprimendo da un lato la competenza dei saperi del quadro teorico e, dall'altro, la loro alimentazione nel profilo umano e professionale degli esperti, coerente con la strategia spazio-temporale dell'intervento transdisciplinare;

- la *Metodologia,* supportata dalla tecnologia e dagli altri requisiti strumentali, per valorizzare e poter intrecciare i saperi locali e i saperi esterni e per assicurare la qualità ed efficacia delle azioni strategiche tra i livelli connessi, è anch'essa alimentata dal quadro teorico transdisciplinare. Metodologia e teoria di intervento interagiscono, da una parte, nella formalizzazione dei processi e dei criteri guida dell'azione in campo e, dall'altra, al miglioramento sostenibile dei saperi umani attesi e dei cambiamenti della realtà contestuale.

L'approccio transdisciplinare, per la sua complessità nello sfogliare il problema della realtà, è attento sia ai livelli dei focus interpretativi che a quelli dei focus trasformativi: il caso qui preso in esame è "lo sviluppo sostenibile nella civiltà planetaria". Esso prende in considerazione e fa riferimento agli Obiettivi dello Sviluppo Sostenibile dell'Agenda 2030 delle Nazioni Unite[7]. C'è da sottolineare che la modellizzazione e i cambi endogeni proposti sono applicabili ad ogni altra realtà spazio-temporale che richiede l'approccio sistemico aperto nel doppio versante del pensiero di natura teorica e del pensiero di natura attuativa sul campo: in tale processo di trasferimenti di modelli e campi di pensiero, verranno ripresi e modificati i contenuti precedenti, ma anche quelli introdotti dai nuovi contributi specifici.

La struttura dei Capitoli: contributi ai Focus e Modelli TD

Nel Capitolo 1 di Paolo Orefice e Carlo Orefice, *Intelligenza Relazionale Transdisciplinare. Paradigma del futuro per i cittadini della Terra,* vengono presentate l'impalcatura e l'articolazione del sistema di modellizzazione adottato. Ciascun Focus/Modello si relaziona con tutti gli altri da una sua specifica angolatura del rapporto conoscenza-realtà, superando ogni barriera che separa i due versanti precedentemente indicati e ciascuno dei due al loro interno. La ricorsività tra i due emisferi della conoscenza è fondamentale: è la carenza maggiore

---

7   https://sdgs.un.org/

dell'insuccesso delle finalità e dei quadri teorici, così come degli obiettivi e dei risultati, a causa della separazione diffusa dei primi dai secondi e viceversa, a grave danno dell'avanzamento di una civiltà innovativa e dei processi di decolonizzazione, ma anche delle catastrofi naturali. L'insieme degli intrecci forti dei Focus/Modelli costituisce la rete transdisciplinare del rapporto conoscenza-realtà, da cui è necessario passare per costruire l'intelligenza relazionale transdisciplinare in grado di riscattare e rigenerare l'Antropocene.

Il capitolo, nel suo percorso transdisciplinare, mette in luce come non vi possa essere realizzazione di Civiltà e Sviluppo sostenibile senza intelligenza transdisciplinare: questa si dimostra essere il paradigma della conoscenza del futuro, indispensabile per diventare cittadini che riequilibrano la relazione a trecento sessanta gradi con il pianeta Terra ed i suoi abitanti.

Lo snodo dei Modelli TD nei paragrafi del capitolo è necessariamente descritto in forma breve. La loro emergenza, applicazioni, approfondimenti, trasferimenti e miglioramenti sono distribuiti nella bibliografia dell'autore Paolo Orefice, riepilogata alla fine del Capitolo 1, e dell'autore Carlo Orefice nel Capitolo 4.

Questa è la sequenza dei Modelli nei livelli I-IV/ V-VIII:

- La sfida transdisciplinare per la civiltà sostenibile: il modello transdisciplinare dei Livelli e campi della conoscenza della realtà della specie umana;
- Livelli e campi della conoscenza e cambiamenti di realtà;
- Crisi di civiltà: distruzione e sofferenza;
- Visione: Cittadini della Terra;
- Struttura intelligente tripolare del processo cognitivo della realtà;
- L'evoluzione dei tre domini della conoscenza nella linea del tempo della vita sul
- pianeta;
- Dinamica ricorsiva dell'intelligenza arricchita 3D+;
- Assi e paradigmi storici dell'intelligenza dell'Homo Sapiens (HS);
- Struttura aperta del processo di conoscenza dell'intelligenza relazionale;
- Relazioni ricorsive tra teoria e pratica dell'intelligenza transdisciplinare (TD);
- Matrice della RAP-T: la democrazia della conoscenza per la cittadinanza terrestre;
- Nodi di connessione della RAP-T;
- Sfoglio dei saperi e della realtà:

a. Il livello base: lo sfoglio della realtà e dei saperi per la risoluzione del problema.

b. Il livello della realtà educativa territoriale: lo sviluppo endogeno integrato delle comunità locali educative secondo la RAP-T.

c. Il livello del curriculum educativo transdisciplinare secondo la RAP-T.

I livelli I-IV dei Focus e Modelli transdisciplinari (*Visione / Storia / Epistemologia / Teoria*), che esprimono scale di approfondimento delle relazioni dei saperi umani, vengono esplicitati nei seguenti capitoli.

Nel **Capitolo 2 di María Herminia Quiñelen Martínez**, *La visione della Medicina Mapuche*, l'attenzione si sposta sui primi quattro livelli. Levatrice tradizionale e donna di medicina del Popolo-Nazione Mapuche, María Herminia ci ricorda come, per conoscere il segreto della salute di un individuo, sia necessario conoscere i misteriosi legami e le sottili connessioni che ci uniscono con gli alberi e le piante, conoscere le reciproche affinità tra uomo e animale, intuire l'intesa nascosta tra uomo e minerale.

Nel **Capitolo 3 di Abdoulaye Konte**, *Saperi tradizionali e scambi di saperi in Africa, visione del mondo: testimonianza delle culture indigene*, si evidenzia come l'Africa - nonostante negli ultimi secoli sia stata sottoposta ad eventi catastrofici (schiavitù, colonizzazione, tratta degli schiavi, imperialismo, etc.) - conservi ancora un impressionante patrimonio culturale tradizionale e immateriale, la cui conservazione è opera di comunità tradizionali che hanno vissuto nello stesso ambiente per generazioni.

Nel **Capitolo 4 di Carlo Orefice e Josep-Eladi Baños**, *Essere transdisciplinare: la relazione tra Pedagogia, Medicina e Scienze della vita*, si sperimenta un lavoro di ricomposizione TD, dove pedagogia e medicina dialogano tra loro, con l'obiettivo di delineare una nuova prospettiva epistemologica di integrazione dei saperi per la salute, capace di aprire la strada a nuove possibilità e nuovi orizzonti interpretativi, altrimenti inaccessibili in visioni parcellizzate e riduttive della realtà.

I successivi capitoli permettono di approfondire e articolare, attraverso traduzioni operative, i livelli precedenti descritti dei Focus trasformativi V-VIII di conoscenza, focalizzando l'attenzione su realtà problematiche specifiche: *Strategia / Territorialità / Professionalità / Metodologia*.

Nel **Capitolo 5 di Afef Hagi**, *La relazione transdisciplinare dei saperi per l'impegno civico e la rigenerazione di un quartiere popolare di Tunisi*, si racconta un esperimento di aggregazione realizzato da un'associazione della diaspora tunisina per la rigenerazione di un quartiere popolare di Tunisi, evidenziando così l'importanza della transdisciplinarità nel campo dell'azione cittadina, in particolare in un contesto di transizione democratica.

Nel **Capitolo 6 di Stefania Vitali**, *Integrazione delle dimensioni materiali e immateriali nello sviluppo urbano sostenibile. Un'esperienza di Ricerca Azione Partecipativa Transdisciplinare (RAP-T) in un quartiere di Firenze*, si descrive un'esperienza di ricerca finalizzata alla pianificazione urbana attraverso l'implementazione di un approccio complesso capace di fare propri gli aspetti immateriali e i saperi radicati nella vita comunitaria del contesto narrato.

Nel **Capitolo 7 di Enza Varagone**, *Sviluppo del processo formativo sostenibile delle nuove generazioni di cittadini della Terra. Testimonianza di un'esperienza didattica di Ricerca Azione Partecipativa Transdisciplinare (RAP-T) in una classe della scuola primaria in Italia*, si racconta infine il flusso metodologico della RAP-T attraverso alcuni esempi tratti da un'esperienza formativa di un Progetto Didattico TD, svolto in una classe di una scuola Toscana (Italia) nel periodo storico caratterizzato dalla pandemia di Covid-19.

Relazione e funzionalità dei linguaggi TD

La relazione tra i saperi è un principio costitutivo della TD: i suoi processi interpretativi e trasformativi della realtà vanno al di là di ogni separazione tra le conoscenze della realtà. Questo vale per i contenuti, ma anche per le forme simboliche che li esprimono. La specie umana nella sua lunga storia di trecentomila anni ha generato e continua a generare linguaggi e forme espressive diverse per veicolare il patrimonio universale delle innumerevoli conoscenze/saperi dell'Homo Sapiens.

Uniformare i linguaggi in scatole separate atrofizza il potenziale conoscitivo umano e impedisce di esplorare saperi fondamentali espressi con altri linguaggi, resi incomunicabili. Il problema è allora come costruire ponti tra le molteplici forme di linguaggi: i livelli di realtà approfonditi attraverso il Terzo Incluso nelle loro complesse connessioni rappresentano la via transdisciplinare per riconoscere, esplorare e mettere in relazione le più variegate forme espressive del potenziale dell'intelligenza umana.

Gli Autori di questo libro della CTU sono portatori di esperienze professionali a vario titolo rientranti nelle *Humanities* (ricercatori, docenti, operatori di comunità e di territorio), provenienti da culture e società di diverse regioni del mondo (Comunità Mapuche del Sud-America, Rete di sviluppo per l'emergenza subsahariana - Redes), Università in Italia e Spagna (CTU, teorie e pratiche) ed Enti specifici (Associazione transnazionale mediterranea italo-tunisina per lo sviluppo): in tal modo, sono state quindi utilizzate forme espressive diverse, che documentano una gran varietà di linguaggi e molteplici approcci alla sfida comune della civiltà sostenibile.

Seguendo tale impostazione, nei diversi capitoli presentati sono state adottate le seguenti forme espressive:

Cap. 1: linguaggio di modellizzazione: formalizzazione e rappresentazione grafica di approcci transdisciplinari;

Cap.1.1: composizione letteraria: la Madre Terra nell'Antropocene;

Cap. 2: narrazione autobiografica di una Donna di Medicina Mapuche (Santiago del Cile);

Cap. 3: testimonianza e studio di saperi tradizionali subsahariani (Africa);

Cap. 4: saggio accademico: dialogo transdisciplinare tra pedagogia, medicina e scienze della vita;

Cap. 5: studio di caso di esperienza associativa TD (quartiere di Tunisi, Tunisia);

Cap. 6: narrazione metodologica di esperienza TD di sviluppo endogeno (quartiere di Novoli, Firenze, Italia);

Cap. 7: racconto di un'esperienza didattica TD sul campo con bambini della scuola primaria (Prato, Toscana, Italia).

Nel chiudere questa presentazione è doveroso, infine, sottolineare l'ampia apertura innovativa del 3CMT: anche se tra le molteplici limitazioni di un congresso che per la prima volta veniva realizzato a distanza, nel corso di un intero anno in piena pandemia da Covid-19, esso è apparso come un'occasione unica di laboratorio transdisciplinare in situazione di emergenza su scala mondiale. Il 3CMT ha ripreso e valorizzato i contributi fondativi dei due Congressi precedenti, realizzati in Portogallo e Brasile, ma ne ha anche approfondito e allargato gli orizzonti transdisciplinari per il futuro.

Questo libro, per i limiti di spazio imposti dell'e-book, offre solo uno spaccato dei molti contributi innovativi dei partecipanti alle settimane della CTU, e a quelle a cui essa ha dato l'apporto secondo i suoi modelli TD. Ne emerge uno specifico profilo TD, che presenta una traiettoria di ricerca molto attuale, da approfondire ed espandere in preparazione del successivo quarto congresso mondiale della TD (4CMT).

Questa pista di ricerca si iscrive nell'ulteriore studio e affinamento dei precedenti 8 Focus e Modelli, per una TD della vita nella *Cosmodernità* (Nicolescu, 2014).

Poster della Conferenza Magistrale di E. Morin

Intelligenza Relazionale Transdisciplinare. Paradigma del futuro per i cittadini della Terra

Paolo Orefice
paolo.orefice@unifi.it

Carlo Orefice
carlo.orefice@unisi.it

Sintesi. La tesi dell'intelligenza relazionale TD

Il problema di cui si occupa il capitolo gira intorno alla seguente domanda: per raggiungere lo sviluppo sostenibile, dal livello locale al globale, qualsiasi tipo di intelligenza è funzionale? Con assoluta certezza, la risposta è negativa.

Ciò risulta evidente osservando il crescente peggioramento delle condizioni di sottosviluppo e di sviluppo squilibrato che affliggono sempre di più il pianeta, dall'aumento dell'inquinamento al cambiamento climatico, e i suoi abitanti, dalla neo-colonizzazione globale all'inasprimento della violenza nella convivenza tra simili e verso la natura, fino alle guerre globali. Il turbamento e l'inquietudine generati dalla crisi di civiltà provocata dalle eredità storiche e regionali, modulano la grande transizione storica verso *un futuro da reinventare, un nuovo contratto educativo* (UNESCO, 2020), un nuovo modello di civiltà pensato su misura per la convivenza umana e per l'abitabilità del pianeta Terra, ben oltre ogni forma di violenza.

La transdisciplinarità accoglie la sfida della civiltà sostenibile: il suo Terzo Congresso Mondiale ha discusso sul tema, si è interrogato su quali contributi essa possa ed è tenuta ad offrire. Il libro CTU del Congresso, incentrato sul già menzionato progetto pluriennale e più in generale sull'esperienza pluri-decennale internazionale del titolare della Cattedra, ha messo al centro delle settimane congressuali la domanda iniziale, posta in questi termini: che tipo di intelligenza è richiesta dai decisori, gli esperti, gli operatori, l'intera popolazione, dai giovani alla *Great Age*, per "cambiare via" (Morin, 2020) come ci suggerisce Morin? Inoltre: si tratta di un'opzione fattibile o è solamente un progetto utopico irrealizzabile?

Il capitolo, e in termini generali l'intero libro, che riprende alcuni dei contributi offerti dalla CTU durante le settimane del Congresso, risponde a questa domanda argomentando le sue tesi TD attraverso la sequenza di "Focus e Modelli", dall'idea progettuale di "Sviluppo Umano e Cultura di Pace" che è stata la base dell'istituzione della CTU nel 2006 e che, da quell'anno in poi, è stata alimentata dalle esperienze di studio, ricerca e lavoro sul campo del suo gruppo, dei suoi associati e collaboratori per lo sviluppo endogeno integrato di comunità educative locali sia in Italia che in altre parti del sud del mondo.

I Focus hanno tracciato la traiettoria del percorso teorico e operativo dello sviluppo integrato locale, modulato sui livelli delle realtà specifiche di progetti realizzati in vari paesi, dove l'approccio TD si dimostrava sempre più indispensabile per l'incidenza dei cambiamenti indotti, soprattutto attraverso la logica di sistema aperto, dalla Visione degli abitanti dei territori periferici fino alla Ricerca Azione Partecipativa, arrivando alla concretizzazione dei risultati ottenuti in termini di saperi emancipati di comunità educative e azioni correlate con molteplici cambiamenti di strategie, servizi e attività degli operatori per migliorare i contesti e le condizioni di vita.

La necessità di elaborare, formalizzare, trasferire e diffondere Modelli vincolati con i diversi Focus interpretativi e trasformativi delle più disparate realtà locali, con il passare degli anni è diventata anch'essa una strategia di ricerca e azione degli attori interni ed esterni alle comunità territoriali. Il vantaggio di schematizzare i saperi TD interpretativi e trasformativi della realtà ha permesso di concretizzare e realizzare quadri di riferimento multidimensionali e ricorsivi.

Il presente capitolo si appoggia sull'insieme che costituisce la teoria operazionale dei Focus e Modelli maturati negli anni anteriori e contemporanei dell'esperienza della CTU, per dare consistenza alle sue fasi di intelligenza relazionale TD a beneficio dei cittadini giovani e adulti della Madre Terra.

Nelle prossime pagine si sviluppa, in modo introduttivo, la tesi elaborata secondo l'approccio transdisciplinare, che si lascia coinvolgere nella sfida storica di ripensare il nostro futuro nella casa Madre Terra.

L'impostazione riprende i primi tre principi del Manifesto della Transdisciplinarità (Nicolescu, 1996): i livelli di realtà, il terzo incluso, il pensiero complesso, arricchiti dalle ricerche che ne seguirono e in particolare, dagli approfondimenti della Cattedra di pedagogia generale e sociale, guidata dalla CTU.

Il problema dello sviluppo dell'intelligenza umana riporta all'analisi dei livelli della realtà e dei campi della conoscenza, che fa riferimento alle connessioni della convivenza civile nel significato globale del cammino della civiltà in tutti gli aspetti dell'esistenza, della maturità delle persone e della crescita economica, sociale e culturale.

Seguendo questa interpretazione complessa dell'esperienza di vita nello spazio-tempo del pianeta, i livelli di realtà e i campi di conoscenza si muovono insieme ricorsivamente e scorrono tra i diversi gradi del sapere comune e scientifico, distribuendosi nei diversi campi delle conoscenze umane: nella nostra ricerca, corrispondono ai Focus del pensiero speculativo (dalla Visione alla Storia, dall'Epistemologia alla Teoria) e ai Focus del pensiero empirico (dalla dimensione strategica a quella territoriale, dalla figura professionale all'approccio metodologico degli interventi sul campo).

Percorrendo i vari ambiti di conoscenza coinvolti, emerge l'evoluzione naturale della conoscenza degli esseri viventi fino alla nostra specie: trecentomila anni fa l'*Homo Sapiens* eredita un unico potenziale complesso, i domini cognitivi senso-motori, emozionali e razionali, che si sono formati lungo il cammino della vita. Questo potenziale d'intelligenza umana genera i sentimenti, gli ideali e i valori che hanno dato inizio alla preistoria e alla storia delle società, culture e civiltà sparse per i continenti.

L'intelligenza della diaspora umana, nel corso di migliaia di anni, si è distinta per la profonda e rapida evoluzione storica delle relazioni tra il sentire e il pensare del suo potenziale di conoscenza: è nata come "l'emozione che ragiona", che ha prevalso dall'origine in poi, attraverso il pensiero magico è giunta fino al "pensiero dichiarativo" di un'autorità assoluta depositaria di una conoscenza immutabile, in relazione con la realtà speculare, lineare e chiusa in se stessa; questo macro-asse storico dell'intelligenza umana, durante il susseguirsi dei secoli, percorre diversi paradigmi della conoscenza della realtà, in linea con il susseguirsi delle civiltà, che sembra abbiano raggiunto l'apice dello sviluppo possibile.

Questo apice è stato messo in crisi dal nuovo asse della "ragione che opera per se stessa" che si è affermato con lo sviluppo del pensiero scientifico nell'epoca moderna: grazie all'accelerazione storica, nel corso di alcuni secoli l'intelligenza dominante analizza in profondità la realtà, ma al tempo stesso la frammenta in specializzazioni che diventano sempre più indipendenti e separate tra loro, perdendo in tal modo la conoscenza della realtà globale che le racchiude.

Queste conoscenze parziali hanno il vantaggio di essere sempre più sofisticate, producendo i cambiamenti della società industriale e della cultura scientifica e tecnologica, alimentando l'illusione del progresso senza limiti grazie al predominio totale della ragione, liberata da tutte le altre forme di conoscenza.

Nell'ultimo secolo, si afferma il carattere autocorrettivo della scienza, che riconosce l'oggettività fino a prova contraria. Si apre il passaggio verso il significato relativo della realtà: un esempio ne sono i casi di relatività nella fisica di A. Einstein e nella psicologia profonda di S. Freud. L'ascesa della soggettività irrompe nei movimenti innovatori dell'arte e della letteratura e, in generale, nelle scienze umane del '900.

Con la fine delle certezze, ma anche con l'affermazione di realtà che per la prima volta decostruiscono le società autoritarie, nella prima metà del secolo, la ragione perde la sicurezza della sua neutralità nell'interpretazione della realtà, evidenziando le contraddizioni e le lacune della narrazione delle discipline che si trovano ancor più separate e prive di comunicazione: nuovi tipi di conoscenze di differenti culture si impongono come diritti umani, e si espandono i movimenti che si oppongono alla colonizzazione dei popoli esclusi e oppressi. Su scala internazionale, avanza "la ragione che sente": un nuovo inizio per ripensare il futuro al di là dello sviluppo di società insostenibili.

A livello mondiale, sta nascendo una nuova forma d'intelligenza, che recupera l'insieme globale del potenziale della conoscenza della natura umana, e rifiuta il predominio della ragione, che taglia le ali o ne ignora il potenziale dei domini cognitivi dei sensi e delle emozioni.

Possiamo affermare che l'intelligenza umana giovane, dopo avere raggiunto la punta più alta della ragione assoluta, è messa alla prova per compiere un salto, dopo trecentomila anni, verso l'intelligenza matura della specie. Non è un salto né garantito né sicuro; nella storia della nostra specie si verificano ancora regressioni di intelligenze collettive sottoalimentate.

Nel nuovo secolo, per ripensare il futuro di un'intelligenza di specie più matura e benefica per l'umanità intera, non siamo obbligati a procedere per tentativi, rischiando di incorrere in nuovi fallimenti e peggioramenti nell'Antropocene, fino alla distruzione dell'abitabilità della Terra per le generazioni future.

Grazie alla transdisciplinarità - nonostante ancora agli esordi del suo consolidamento e della sua affermazione - ci troviamo di fronte alla certezza di disporre di un potenziale d'intelligenza non ancora utilizzato nel suo complesso. Questo si può vedere chiaramente *nell'evoluzione dell'intelligenza lungo la linea del tempo della vita*: la specie HS è capace di produrre sentimenti costruttivi integrando i tre potenziali dei sensi, delle emozioni e della ragione dei tre Domini arricchiti ("3D+"): l'educazione TD dei sentimenti si spinge più in là dell'educazione della ragione, ma anche dell'educazione delle emozioni.

Il vantaggio dell'approccio TD, grazie alla logica del Terzo incluso e agli altri principi e categorie TD, sta nella sua capacità di garantire il superamento del dualismo nei domini conoscitivi, che si trova in bilico tra il pensare e il sentire. Questo tipo di intelligenza più avanti sarà definito come "intelligenza relazionale TD": essa nasce e si alimenta dalla capacità TD di andare oltre ogni separazione e di sviluppare il sentimento di *unità multipla* (Morin, 2002) nei livelli di conoscenza e cambiamenti della realtà.

Oltre all'approccio TD dell'evoluzione della vita e della conoscenza, esiste l'altro motore storico della "ragione che sente", che va oltre la rotta della "ragione che opera per sé stessa": è l'occasione ideale, nel momento storico adeguato, per il cambiamento degli assi e dei paradigmi storici della conoscenza umana nell'arco della transizione storica, verso la possibile e sperata civiltà planetaria sostenibile. L'accelerazione progressiva contemporanea della conoscenza e dei suoi saperi ha il cammino sgombro e sicuro per guidarci, grazie alla prima innovazione realizzata dall'*Homo Complexus* insieme alla natura, verso le menti TD *in cammino nella direzione della Civiltà avanzata della Terra nel Cosmo*.

In sintesi, in questo capitolo la tesi TD dell'intelligenza relazionale si articola seguendo "modelli" interpretativi e trasformativi della realtà: essi, nel paragrafo finale della Ricerca Azione Partecipativa Transdisciplinare, arrivano al loro punto di convergenza ricorsivo del sistema aperto complesso della teoria e pratica dell'intelligenza relazionale, nelle *Comunità Educative dei saperi emancipati per lo sviluppo integrale oltre la violenza*.

Parole chiave

Modelli TD per Livelli di realtà e Campi di conoscenza; Sfoglio TD di realtà/ conoscenza; Civiltà planetaria sostenibile; Evoluzione dei domini dei saperi/ conoscenze; Intelligenza relazionale transdisciplinare (IRT) dei Cittadini della Terra; RAP-T della democrazia intelligente emancipata.

LIVELLI I-IV
Focus e Modelli transdisciplinari:
Visione / Storia / Epistemologia / Teoria

1.1. Cittadini della Terra

Chi siamo noi, i cosiddetti 'esseri umani', che condividiamo con gli altri esseri di questo pianeta chiamato 'Terra' il poco tempo di cui disponiamo?
In una media stimata di 300 miliardi di stelle della Via Lattea, siamo la quasi invisibile comunità dell'Homo Sapiens, in un minuscolo pianeta del Sole.
In questo piccolissimo astro nacque la nostra specie e iniziò la diaspora umana. Trecentomila anni fa, nell'era geologica del Pleistocene medio, noi gli Homo Sapiens, la specie più evoluta, dopo quasi tre miliardi di anni di cammino della vita in questo pianeta, cominciammo a disperderci per terre e mari, creando un flusso senza fine di molteplici generazioni, fino a renderci estranei e nemici tra noi contrastando, perseguitando e uccidendo i nostri simili per appartenere a differenti società e culture.

A che punto siamo arrivati in questo tempo, l'era geologica dell'Antropocene, tutti noi, i più di 8 miliardi di esseri umani? Recentemente abbiamo condiviso la sofferenza della pandemia e, inoltre, stiamo condividendo i morti e la distruzione di un'altra guerra assurda, oltre ai tanti altri conflitti sparsi per i continenti, in piena crisi di civiltà per la nostra vita sulla Terra.

Crisi di civiltà: distruzione e sofferenza

Fonte: elaborazione degli autori

Continuiamo a vivere secondo la logica oppositiva. Viviamo secondo una ragione che crea violenza generalizzata nelle relazioni umane, nelle società e culture, e verso la Terra che ci ha generati. Questa ragione continua ad affondare nell'eredità evolutiva del predatore vs la preda. La violenza distruggerà le relazioni umane, le sue società e le sue culture. In questo modo, renderemo la Terra che ci ha generati completamente inabitabile per la specie umana.

L'era geologica dell'Antropocene finirà con la sparizione della specie Homo Sapiens che avrà distrutto il piccolo pianeta della stella Sole.

Abbiamo bisogno di guardare oltre le barriere che ci sembrano insuperabili.

Sbagliamo, quando utilizziamo conoscenze gerarchiche e frammentate. La loro portata è corta e settoriale, e producono realtà rigide e segmentate. Seguono logiche chiuse in se stesse, conciliabili con saperi isolati e realtà separate. Producono uno scontro di civiltà, conservando barriere indistruttibili.

Guardando oltre, costruiamo conoscenze transdisciplinari senza frontiere. Elaboriamo significati più avanzati quando interconnettiamo i saperi appartenenti a livelli differenti, applicandoli ai campi della realtà complessa.

I saperi transdisciplinari sono caratterizzati da uno sguardo lungo e profondo, grazie a logiche conciliabili, che alimentano realtà sostenibili e aperte per una civiltà sostenibile. Dobbiamo guardare la Madre Terra oltre i limiti di uno sguardo limitato.

I saperi relazionati ed interdipendenti sono caratterizzati da una portata ampia e amichevole verso la nostra Madre Terra. Riconoscono nella sua vita equilibrata e nella sua bellezza piena di sfaccettature, l'origine e il nutrimento della nostra vita equilibrata e bella. Vedono nei suoi sensi e ragioni l'eredità evolutiva delle nostre conoscenze e dei nostri valori, per la realizzazione ed il benessere di ogni essere umano, di ogni essere vivente. Ci alimentiamo dell'armonia e della bellezza della natura.

I saperi relazionati ed interdipendenti sono caratterizzati da un'attenzione ampia e amichevole verso la nostra Madre Terra. Lavorano al suo fianco, proteggendola e accompagnandola insieme ai suoi altri figli. Si accorgono del benessere di ognuno dei suoi figli attraverso la crescita integrata ed ecologica di tutte le società e culture umane. Comprendiamo la crescita ecologica e sostenibile dalla natura.

Lo sguardo transdisciplinare verso la nostra Madre Terra cambia la prospettiva della relazione che abbiamo con essa e con gli altri esseri. Siamo molto al di là della prospettiva antropocentrica. Abbandoniamo la presunzione storica di essere i proprietari assoluti della Terra e degli altri suoi abitanti. Assumiamo la prospettiva del vincolo, del rispetto e della gratitudine verso la Madre Terra e i suoi abitanti. Viviamo il profondo legame materno con la Terra.

Lo sguardo transdisciplinare verso la nostra Madre Terra fonda una civiltà umana senza frontiere. La cittadinanza che permette di vivere dignitosamente con la Terra e i suoi esseri viventi è un valore, un dovere, un atto di benevolenza verso tutta la specie umana. Da qui, tra origine il diritto universale alla cittadinanza terrestre in tutti i campi della vita, privata e pubblica. È la natura che ci unisce con solidarietà e benevolenza tra esseri umani, tra società e tra culture.

Ci convertiamo in cittadini della Terra.

La civiltà della Terra è costruita da tutta la famiglia umana, con uguali diritti e doveri. Alimentando tutti gli esseri umani con un'educazione finalizzata a una vita di qualità, con l'intelligenza transdisciplinare solidale, in tutte le culture e società, cresciamo come comunità, creiamo il senso di appartenenza e lottiamo come cittadini maturi della Terra per vincere le sfide dell'uguaglianza e del rispetto, l'inclusione nelle diversità e l'etica della convivenza democratica, contro tutte le forme di violenza verso i nostri simili e gli altri esseri viventi, e verso gli equilibri sempre più complessi costruiti dalla natura nel corso della sua lunga evoluzione.

Con l'intelligenza transdisciplinare solidale in tutte le culture e società, l'identità condivisa e il senso di appartenenza come cittadini maturi della Terra, si alimenta l'utopia storica per realizzare, come raccomanda Edgar Morin in *Cambiamo strada: le 15 lezioni del Coronavirus* (Morin, 2020), una politica di civiltà, una politica dell'umanità, una politica della Terra, per un umanesimo rigenerato dell'*Homo complexus: sapiens* y *demens, faber* y *mythologicus, oeconomucus* y *ludens.*

Per uscire dal rischio di estinzione e interrogarci su quali presupposti fondamentali riusciamo a conseguire per uno sviluppo sostenibile della Terra che includa tutti i suoi abitanti, abbiamo bisogno di un'intelligenza, di conoscenze e saperi che vadano oltre a quelli pensati e legittimati fino a questo momento, facendo al tempo stesso tesoro delle esperienze del passato.

Nonostante ci opponiamo a essa, la Madre Terra continua a offrirci, con il dono della vita, il potenziale umano per uscire da intelligenze oppositive e cessare azioni predatorie.

Noi, gli esseri umani di questo piccolo e bel pianeta, alimentato dal Sole, tra i miliardi di stelle della nostra galassia, abbiamo il potere di vivere dignitosamente e lavorare insieme e liberi, in comunità di saperi della nuova intelligenza matura, degna del cosmo, per realizzare la civiltà sostenibile oltre la violenza.

1.2 La conoscenza evolutiva degli esseri viventi

1.2.1 L'intelligenza degli esseri viventi: struttura del processo di conoscenza

La relazione transdisciplinare tra soggetto che conosce e la realtà che si svela a se stessa, va oltre ogni dualismo che considera il "conoscente" e il "conosciuto" come realtà opposte, e costituisce il fondamento della rivoluzione epistemologica dell'unità complessa dell'intelligenza dell'essere vivente.

La profonda ricorsività tra soggetto e realtà, intesa come qualcosa di esteriore al sé, genera l'unificazione intelligente della bipolarità che replica ogni differente forma di contenuto intelligente. Le conoscenze, o in generale, i saperi, sono le produzioni intelligenti della "mente" e del "segno" della realtà, che a partire dal loro contatto reciproco generano i "significati": sono questi che, grazie alla loro connotazione di intelligenza, ci permettono di ottenere la "produzione" della conoscenza; i prodotti cognitivi sono, di fatto, transdisciplinari nella loro totalità e costituiscono le conoscenze individuali, o saperi "tangibili" e "intangibili".

Eludere una delle due dimensioni, quella iniziale o finale della conoscenza ("segno-significato") porta ad una riduzione del potenziale intelligente della conoscenza: nel primo caso si impoverisce di significato il prodotto tangibile dell'intelligenza; nel secondo, si isola il significato del prodotto intangibile al di fuori della realtà: in entrambi i casi, partendo dalle differenti posizioni, l'azione umana si scinde tra realtà e idealità, si frammenta in direzioni non comunicanti, cade nell'insostenibilità di scelte parziali, siano esse teoriche o tecniche, che portano all'autoreferenzialità totale o ridotta. Nello stesso processo, si inserisce l'intelligenza degli altri esseri viventi, ovviamente in un differente livello di conoscenza, che corrisponde ad una sfera meno evoluta della mente neurobiologica sul nostro pianeta. Un procedimento analogo si osserva, però a un livello superiore di conoscenza, dove si colloca l'intelligenza dell'essere vivente caratterizzato da un'evoluzione neurobiologica corrispondente a quella della nostra specie Homo Sapiens. Questo punto verrà spiegato più avanti, nel modello che illustra i tre domini dell'intelligenza e delle conoscenze degli esseri viventi.

Prevale la logica oppositiva, che pone sullo stesso livello di realtà saperi differenti e opposti, e che sostiene realtà inconciliabili tra loro. Superando la dicotomia tra conoscenze del soggetto e realtà dell'oggetto, il "significato" assume il ruolo di mediatore transdisciplinare, in quanto si presenta come il "terzo incluso", che unisce i poli dei due versanti "soggetto-realtà": in questo caso, si assicura l'intreccio transdisciplinare dei saperi elaborati. È qui che risiede la differenza dell'epistemologia transdisciplinare dell'essere umano.

Modello TD(2) - Struttura intelligente tripolare del processo di conoscenza della realtà

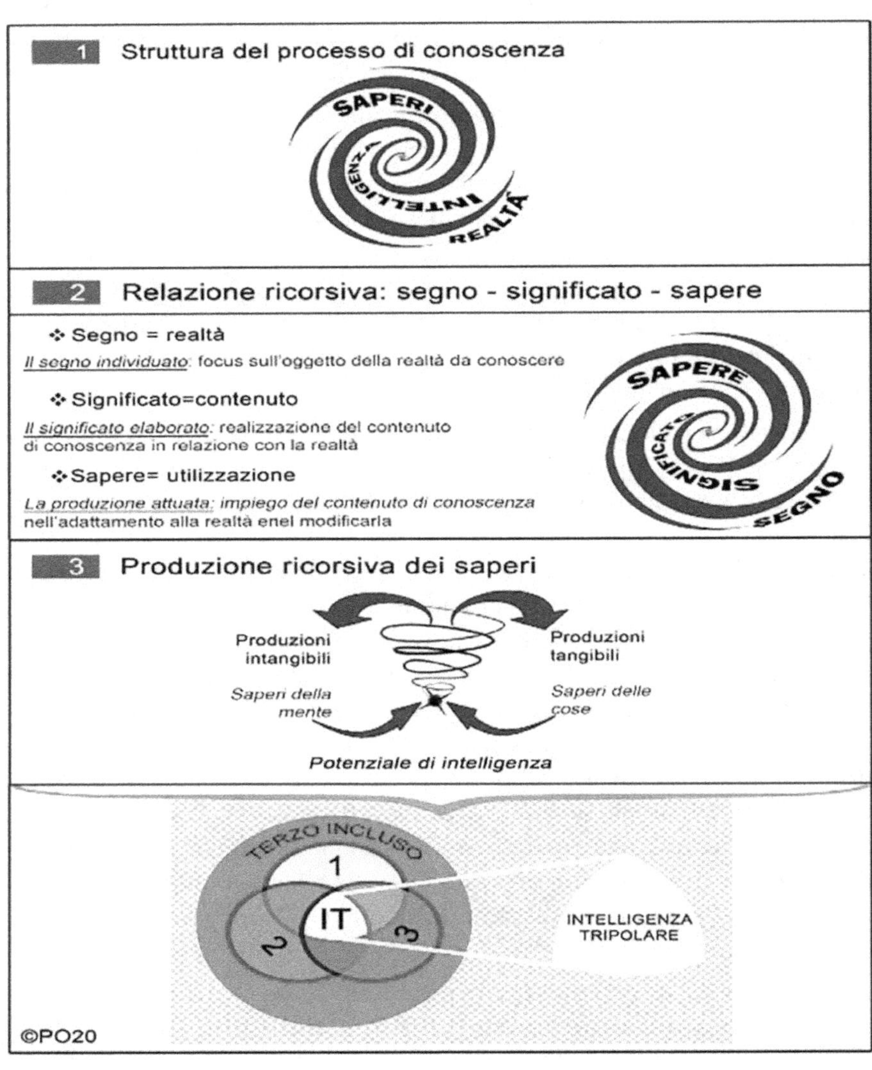

1.2.2 Evoluzione e strutturazione dell'intelligenza dei viventi: i domini della conoscenza dai pluricellulari superiori fino all'Homo Sapiens

L'HS ereditò il potenziale di intelligenza e conoscenza dei tre domini attraverso l'evoluzione delle intelligenze della natura.

In questa relazione soggetto/realtà, non solo nasce e si arricchisce l'intelligenza con la mediazione del "significato" interpretativo, ma si attiva e si intensifica anche la qualità della relazione intelligente. Si tratta della qualità profonda dell'intelligenza della realtà. Profonda perché si affermò e si sviluppò insieme alla vita sul nostro pianeta, che nei miliardi di anni del suo sviluppo è giunta all'evoluzione progressiva del potenziale di conoscenza degli esseri viventi. Possiamo definirla come la relazione sempre più insostituibile e complessa tra la vita e la morte, tra la rigenerazione e le nuove forme di vita più evolute.

Il processo di vita intelligente si è arricchito sempre più grazie alla complessità crescente delle specie che dagli organismi pluricellulari del Cambriano, circa 600 milioni di anni fa, si sono evoluti fino alla nostra specie, l'Homo Sapiens moderno: da trecentomila anni utilizziamo il potenziale di conoscenza più sofisticato presente sul nostro pianeta. La relazione conoscenza-realtà si è avvalsa, e tuttora si avvale, di potenziali di conoscenza sempre più evoluti in relazione con la complessificazione della dotazione neurobiologica.

Più avanti si descriverà il modello evolutivo dei *tre domini cognitivi:* il primo dominio dell'*intelligenza senso-motoria* dei pluricellulari superiori, il secondo dell'*intelligenza emotiva* dei vertebrati intorno a duecento milioni di anni fa, e il terzo dominio, quello dell'*intelligenza razionale* degli ominidi, alcuni milioni di anni fa.

Così, si scopre che la relazione conoscenza-realtà non solo genera il significato intelligente dei saperi prodotti, ma anche che la profondità di questo intreccio è alimentata dall'unità neurobiologica dei tre domini dell'intelligenza senso-motrice, emotiva e razionale, riassunti nell'espressione transdisciplinare del legame indivisibile tra il sentire e il pensare.

L'HS eredita e sviluppa il potenziale d'intelligenza e conoscenza attraverso l'evoluzione delle intelligenze e saperi della natura: l'incrocio tra il potenziale del sentire e del pensare dei tre domini permette un salto di qualità nella produzione cognitiva dell'intelligenza.

Dall'affermazione della nostra specie all'interno della famiglia Homo, nel giro di vari secoli, i domini del sentire e del pensare presentano una forte accelerazione evolutiva verso la loro integrazione, nonostante stiano ancora muovendo i primi passi nei cambiamenti storici dell'emozione che si protende verso la ragione e della ragione che con lo sviluppo della coscienza apprende a scegliere, a orientare l'emozione e a cercare un nuovo ordine di vita collettiva.

Modello TD(3) - L'evoluzione dei tre domini della conoscenza nella freccia del tempo della vita nel pianeta Terra

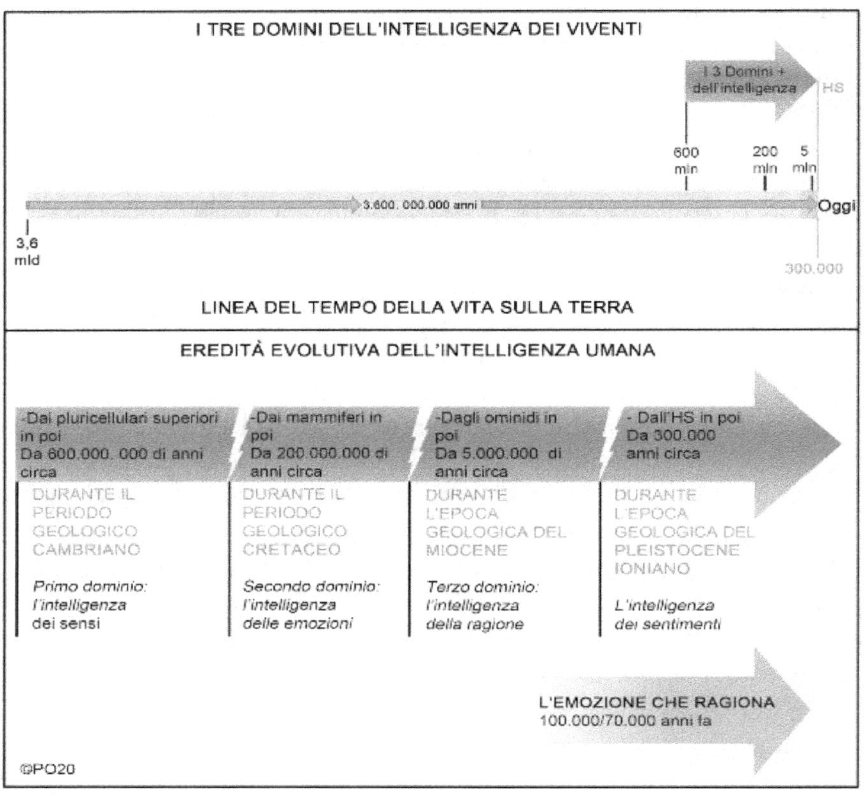

Grazie ai saperi elaborati dalla collaborazione tra sensazione/emozione e ragione, questa accelerazione nella vita quotidiana dell'HS, che è contemporaneamente evolutiva e storica, raggiunge la maturità grazie alla grande rivoluzione che inizia circa 100.000 anni fa, esplode in tutto il pianeta a partire da 70.000 anni fa e si consolida 12.000 anni fa.

Questo vincolo tripolare dei domini cognitivi si arricchisce del "dominio aumentato" dei sentimenti, come apice della qualità della conoscenza umana, che ha dato inizio all'esperienza storica dell'Homo Sapiens. Si tratta del salto più avanzato del potenziale d'intelligenza e conoscenza umana: nasce il "modello tripolare arricchito". Esso porta a unificare, in un processo unitario di relazioni, l'organismo neurobiologico, il suo potenziale superiore di costruzione della conoscenza dei sentimenti e la storia spazio-temporale dei saperi personali di ogni essere umano. La nascita della protostoria e, successivamente della storia, generano i saperi delle prime civiltà, società e culture, che si affermano con la fine delle ultime glaciazioni (tra 12.000 e 10.000 anni fa). La conoscenza dei sentimenti amplia ancora di più il potenziale del sentire e del pensare rispetto a tutte le specie anteriori più evolute, e apre il passo alle ragioni più profonde che vincolano gli esseri umani con la storia e li proiettano oltre la realtà: i sentimenti si trasformano in passioni, valori, ideologie, coscienze, conferendo un senso più profondo alle società e alle culture e generando l'Homo Sapiens delle civiltà della storia. Le loro mutazioni e i loro eventi non sono più vincolati unicamente dai lenti processi evolutivi della natura, ma soprattutto dai processi sempre più accelerati, dai confronti tra le intelligenze storiche e successivamente tra le culture contemporanee.

Modello TD(4) - Relazioni ricorsive tra i domini dell'intelligenza arricchita: 3D+

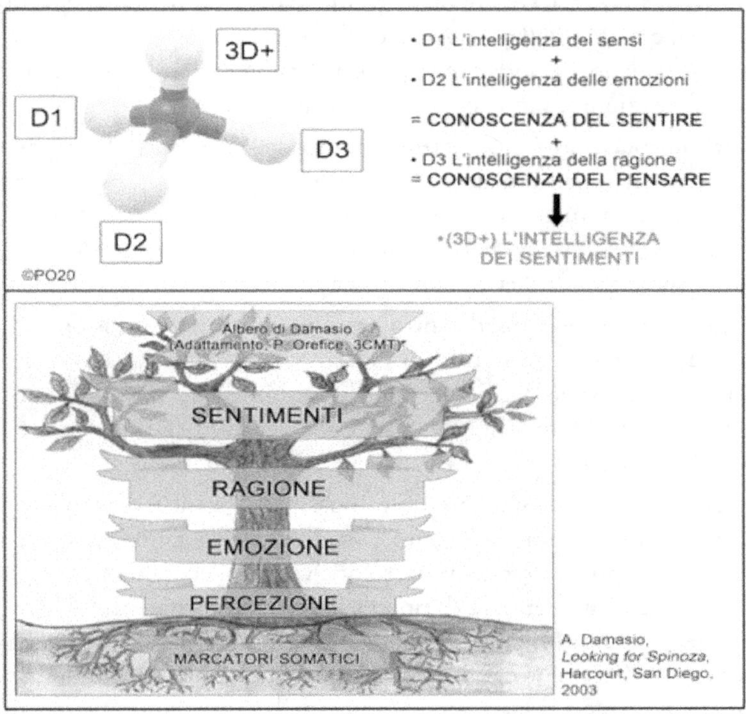

1.3 La conoscenza storica: il potenziale di conoscenza dell'HS

1.3.1 Lo sviluppo storico dell'intelligenza dell'HS: assi e paradigmi

Con la nascita, l'affermazione e il passaggio da una civiltà che ha compiuto il suo ciclo storico di vita a un'altra, che ne raccoglie il passato in termini antagonistici ma anche di continuità, e permette la nascita di un'ulteriore e inedita fase storica, la qualità profonda dell'intelligenza della realtà nella specie umana non si stabilizza in un unico livello di pensiero prevalente, ma evolve lungo paradigmi storici d'intelligenza collettiva: essi si alimentano e sono alimentati da sistemi di potere e apparati che sostengono le società e le culture, si basano su costruzioni ideali e materiali rappresentate dalle tipologie di saperi intangibili e tangibili delle differenti aree della realtà: da quella economica a quella sociale, da quelle che organizzano le attività lavorative agli spazi di vita e relazione umana.

In termini necessariamente schematici, e quindi incompleti, possiamo riassumere a grandi linee il cammino delle intelligenze storiche della nostra specie attraverso tre assi spazio-temporali di gestione del potenziale dei domini della conoscenza, ereditati dall'evoluzione dell'intelligenza degli altri esseri viventi. Tali assi modulano i grandi cambiamenti paradigmatici del pensiero umano nella configurazione e successione delle civiltà storiche.

Il primo macro-asse può essere definito dell'*Emozione che ragiona*: esso marca il consolidamento delle società agricole a partire approssimativamente da 12.000 anni fa, quando nell'arco di tempo di alcune migliaia di anni iniziano a popolare le grandi aree fluviali di differenti continenti: Mesopotamia ed Egitto, India e Cina, Perù e Amazzonia.

Si tratta della prima grande antropizzazione storica, che custodisce l'esperienza delle generazioni anteriori di Homo Sapiens che, nel giro di meno di 300 millenni, avevano accolto la sfida di gestire la sempre più complicata convivenza tra le differenti forme di sentire e pensare delle altre specie appartenenti alla famiglia Homo.

A quel punto, una volta compiuto il passaggio verso il controllo progressivo della ragione su un'intelligenza prevalentemente emozionale, la nostra specie realizza il primo grande processo di civiltà dell'emozione che ragiona: si lascia orientare da un pensiero di tipo razionale, impregnato di forti *significati magici*, nella creazione delle *prime grandi realtà* di società civilizzate della storia umana. In riferimento a questo tema, non possiamo trascurare l'enorme, monumentale, e inedito lavoro intellettuale delle invenzioni realizzate durante le prime fasi della storia umana: tra queste, l'intuizione che portò l'uomo a imitare la natura, estraendo dalla terra gli alimenti e apprendendo a coltivarli per vivere; successivamente, la capacità di pensare e organizzare insediamenti stabili, villaggi e città negli spazi agricoli, creando strutture sociali di gestione del potere per la sicurezza interna e la difesa del territorio; allo stesso tempo, l'utilizzo del potenziale del linguaggio e della scrittura per scambi di merci e la definizione di regole di convivenza, fino all'importanza dei *significati della cultura materiale*, come l'artigianato e l'arte, e i *significati della cultura immateriale*, come i riti e la cosmologia.

In questo lungo asse spazio-temporale dell'intelligenza umana, riassunto nell'espressione 'L'Emozione che ragiona', facendo riferimento alle brevi constatazioni fatte in precedenza, possiamo riconoscere il consolidamento di due modelli paradigmatici interdipendenti: il *pensiero magico*, dove i significati sono prodotti dal soggetto che si considera parte della realtà totale e superiore predestinata e, partendo da questo *sentire ragionato*, si forma il modello di *pensiero dichiarativo*, dove la ragione ha minore spazio di autonomia di elaborazione cognitiva, che viene trasferito al potere intelligente di una entità superiore, inclusi i detentori di autorità assolute. Tra questi, si trovano le caste sacralizzate dei regnanti e di coloro che comunicano con il piano superiore della realtà, tutti titolari e garanti dei *significati* a cui la comunità si attiene, e che accetta sotto la pressione di ordini superiori, sanzioni ed emozioni.

Il secondo macro-asse può essere definito *La Ragione che fa da sé*. Si afferma come pensiero scientifico autonomo, che si svincola dai domini del sentire, elaborando significati esatti, basati sul principio della dimostrazione ancorata all'osservazione della realtà empirica.

Questa svolta nel principio e nelle modalità di costruzione dei significati oggettivi della realtà arriva alla sua piena affermazione intorno a cinque secoli fa, e si sviluppa nelle società moderne a partire dalla globalizzazione delle esplorazioni dei continenti, l'espansione dei mercati internazionali alimentati dalle merci provenienti dai nuovi territori e dalla colonizzazione delle popolazioni indigene. Questo fu solo l'inizio del processo di modernizzazione tecnologica e industriale alimentata dai progressi delle scienze naturali ed umane, a partire dallo studio telesiano della natura secondo i propri principi: il paradigma del *pensiero dimostrativo* moderno porterà al dominio assoluto della ragione. La rivendicazione razionale dell'Homo Sapiens si concentra maggiormente nelle società del cosiddetto Occidente e nelle classi produttive che rivendicano i loro diritti. La ricerca della razionalità del pensiero innesca importanti effetti trasformativi, che si espandono nel corso dei secoli successivi in campi del sapere sempre maggiori: si affermano nei processi di autonomia delle discipline, delle scienze naturali, e anche dell'arte e della cultura. Si arriva al riconoscimento dei diritti oggettivi attraverso l'elaborazione di una visione autonoma della gestione degli interessi pubblici. Nasce la democrazia in chiave moderna attraverso forme rappresentative negli ambienti di lavoro e della politica. In tempi più vicini si arriva al riconoscimento dell'educazione come componente fondamentale del progresso della civiltà.

Potrebbe sembrare riduttivo limitarsi ad alcune tendenze innovatrici della civiltà moderna: in questo contesto, esse hanno solo il carattere esemplificativo del cambiamento paradigmatico nell'utilizzo del potenziale d'intelligenza a favore della conoscenza e del pensiero, restando sostanzialmente fuori dalle argomentazioni sul valore della conoscenza attraverso i sensi, ridotta a una forma di conoscenza inferiore, soggiogata o dipendente dalla ragione, che finisce con l'essere al servizio degli interessi delle classi superiori.

D'altra parte, bisogna chiarire che questa successione di assi spazio-temporali dell'intelligenza umana, non va intesa come una sostituzione automatica dei paradigmi di conoscenza antecedenti a favore dei più recenti: essi possono coesistere in vari assestamenti umani nel tempo e nello spazio, e in determinate condizioni storiche. Nel corso della storia possono ibridarsi, o addirittura un asse può degradarsi rapidamente ed essere assorbito da un altro in condizioni di vita e intelligenza impoverite, nelle aree di confine di assi e paradigmi tra o all'interno di regioni del mondo. Il secondo asse della *Ragione che opera per se stessa*, ha una portata planetaria; tuttavia, vengono utilizzati ancora paradigmi che favoriscono quella parte del mondo che ha investito maggiormente sulla sua affermazione e i suoi interessi esclusivi, rafforzando il divario dello sviluppo tra popoli colonizzatori e colonizzati. In questo tipo di rapporto, il cambiamento di paradigma e ancor di più il cambiamento di asse condizionano e sono condizionati dalla relazione di potere tra i primi e i secondi, con il dislocamento di risorse materiali e immateriali che diventano esclusive dei nuovi conquistatori, i quali si autonominarono i portatori di civiltà superiori alle quali si devono assimilare i *significati endogeni* delle culture tradizionali preesistenti.

Il terzo macro-asse spazio-temporale, che invece negli ultimi cento e più anni ha portato alla ribalta l'intera umanità come potenziale protagonista storico del futuro della specie umana, presenta l'emergere della *Ragione che sente*, già tematizzata nel *modello dei tre domini arricchiti*: questo asse con i suoi paradigmi appare ancora limitato nelle aree più sviluppate economicamente e tecnologicamente del mondo, ma si presenta più recepito e recepibile attraverso i processi di decolonizzazione in atto nelle regioni a maggiore affrancamento dalla dipendenza dei modelli tecnocratici di sviluppo esogeno.

Questo nuovo asse si alimenta di un'intelligenza che si fa più attenta ai diritti umani su scala internazionale, all'emancipazione delle popolazioni e delle società a sviluppo fragile e di sopravvivenza. La sua critica alla razionalità segmentata si rafforza con il riconoscimento dei forti limiti del *pensiero frantumato*, paradigma ereditato dalla sicurezza della scienza e della tecnologia del progresso illimitato: tale progresso invece tradisce le aspettative del benessere diffuso e genera i nuovi grandi squilibri nella convivenza umana e nel rapporto con la natura, fino a connotare la nuova era geologica dell'Antropocene, già introdotta nel primo paragrafo. La spinta della sensibilità dell'intelligenza razionale chiede alla tecnologia ed alla scienza di imparare a misurarsi e dialogare con il pensiero più diffuso dell'umanità sofferente e con quello sensibile della natura impoverita dall'antropocentrismo.

Modello TD(5) - Assi/paradigmi storici dell'intelligenza dell'HS

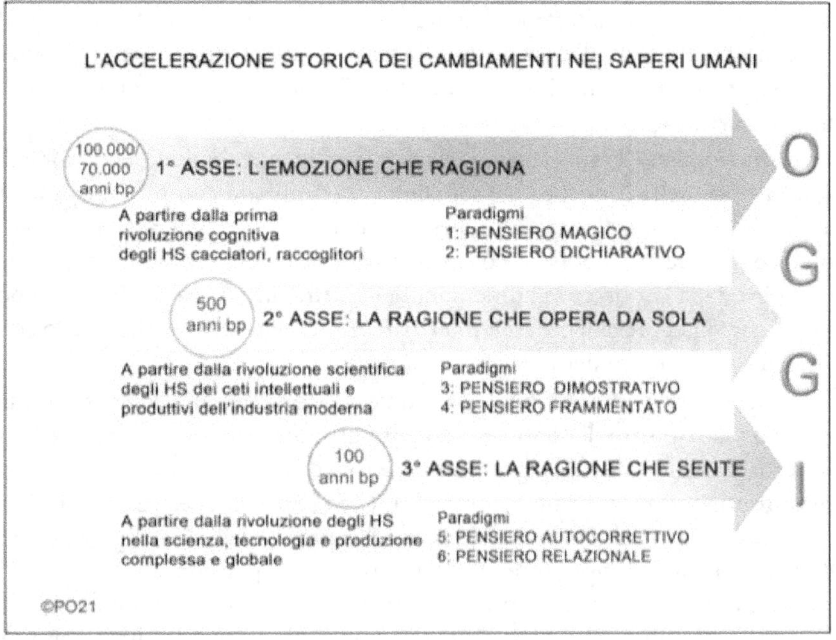

Il livello di crisi del pensiero scientifico, che più si specializza, più si chiude in se stesso e più rafforza la sua presunta autoreferenzialità oggettiva, maggiormente mostra l'insostenibilità epistemologica e teorica della validità assoluta dei suoi assunti. Il dibattito internazionale più avanzato riconosce alla ricerca scientifica ed alle sue leggi il carattere "autocorrettivo": l'oggettività scientifica non è data in termini di oggettività assoluta e immutabile, cadendo così negli errori di dogmatismo epistemologico e teorico del contestato pensiero dichiarativo. L'oggettività scientifica ha un limite: il cambiamento di punto di vista può allargare l'orizzonte degli eventi indagati e mettere in crisi modelli ritenuti i migliori. Pertanto, l'oggettività scientifica ha valore oggettivo relativo, "fino a prova contraria".

I processi storici in atto della globalizzazione della vita sul nostro pianeta possono essere considerati il "Terzo incluso" in quanto richiamano l'adozione di una logica interpretativa che va oltre il pensiero lineare e separato degli opposti, e li colloca transdisciplinarmente nella scala inclusiva dei livelli di realtà. Occorre qui ricordare che la realtà in termini di complessità ci attraversa tutti e in tutte le sue espressioni: non è un dato separato e necessario, ma è l'insieme e l'articolazione dei *significati - conoscenze* costruiti dalla nostra mente che entra in relazione con i livelli di realtà implicati ed esplorabili nei loro problemi connessi.

Non basta utilizzare il paradigma del *pensiero dimostrativo* dell'asse della ragione che fa da sé: abbiamo il potenziale di conoscenza multipla in grado di riconoscere e formalizzare forme di saperi che accedono anche ai potenziali sensomotori ed emozionali e vanno coniugati insieme al potenziale della ragione, e viceversa.

Il nuovo asse spazio-temporale dell'intelligenza umana che abbiamo davanti a noi nella conoscenza e soluzione dei problemi complessi, connessi a vari livelli e campi della realtà, può essere definito l'*Asse della ragione che sente*. Soltanto l'impiego dell'intero complesso potenziale del sentire e del pensare, arricchito dalla conoscenza aumentata dei sentimenti, come si è avuto modo di esplicitare nel precedente *Modello tripolare+*, ci permette di cogliere lo spessore sentito e pensato del *Pensiero relazionale*.

La sua oggettività amplificata, che unisce ricorsivamente soggetto e realtà nel processo tripolare di conoscenza, ha un orizzonte esplorativo vasto e complesso: riesce a leggere nelle profondità dei diversi livelli e campi della realtà, senza limiti esplorativi: dalla microrealtà, che ci apre la finestra sui primi elementi costitutivi dell'Universo, le particelle primordiali del Big Bang, fino alla macro-realtà spazio-temporale del Cosmo in espansione. La conoscenza transdisciplinare non si lascia rinchiudere in alcuna forma di conoscenza, dalla più semplice alla più complessa, avendo come orizzonte la realtà espandibile fino ai limiti dell'inconoscibile.

L'*intelligenza relazionale*, secondo i focus e modelli della transdisciplinarità complessa, compie il salto epistemologico, teorico, strategico e metodologico della transizione dall'intelligenza giovane dell'HS della storia planetaria, all'intelligenza adulta dell'*Homo Cosmico* della storia del futuro (Nicolescu, 2014).

1.4 L'intelligenza Relazionale Transdisciplinare (IRT) dell'HS

1.4.1 Il diritto universale alla conoscenza relazionale per la civiltà del futuro

L'intelligenza relazionale porta, dunque, a compimento il salto di asse storico dal *pensiero che fa da sé* al *pensiero che sente*, del quale esprime il paradigma più avanzato investendo sul potenziale completo (naturale e storico) di conoscenza della nostra specie.

Come è già stato sottolineato, il passaggio da un asse storico all'altro dell'intelligenza umana non significa che il più recente sostituisca interamente il precedente né che il nuovo abbia garanzia di successo. I modelli storici del pensiero umano, soprattutto quelli della *Big History* basati su lunga e larga scala spazio-temporale plurisecolare, vengono costruiti a posteriori sulla storia del passato e possono avere il carattere di interpretazione ed orientamento storico innovativo dei cambiamenti paradigmatici del futuro dell'umanità.

D'altra parte, il nuovo asse emergente è supportato dalla critica storica del superamento dei paradigmi precedenti, dei quali comunque raccoglie l'eredità che sviluppa e supera con nuovi strumenti di ricerca più avanzati. È il caso del *paradigma relazionale*, che si afferma nell'epistemologia e nella teoria della transdisciplinarità complessa.

In questo senso, la solidità transdisciplinare del nuovo modello scientifico della *ragione che sente* costituisce il naturale superamento dell'insufficienza dei modelli e dei paradigmi utilizzati in precedenza. È emblematico il caso dello *Sviluppo Sostenibile* su scala locale, regionale e planetaria, che a meno di un decennio dal compimento dell'Agenda 2030 delle Nazioni Unite dimostra di non riuscire a raggiungere i 17 obiettivi, anche se vanno indubbiamente registrati risultati importanti, grazie all'impegno strategico dell'attuale contesto internazionale. Sicuramente il limite non è riscontrabile soltanto nella carenza di investimenti adeguati e di azioni pertinenti nelle aree più fragili del pianeta, ma anche nei modelli teorici e operazionali che hanno continuato ad adottare paradigmi gerarchici e separazioni disciplinari.

La sfida da affrontare sull'orizzonte dell'intero secolo ed oltre, per contrastare e superare le barriere che minacciano l'affermazione della civiltà planetaria a beneficio dell'intera umanità, considerato l'alto grado di interconnessione globale delle esigenze e delle possibilità risolutive a cui siamo pervenuti, richiede necessariamente la base di un pensiero guida chiamato a diventare paradigma prevalente dell'intelligenza più avanzata della civiltà dell'intera comunità umana.

È la sfida più grande della nostra specie che ha bisogno di investire sul suo potenziale complesso di conoscenza come antidoto alla sua fragilità: questa è ben visibile nelle emergenze crescenti della mancata crescita sostenibile, tra le quali i molteplici e drammatici danni del cambio climatico, del far fronte alla pandemia del Covid e, recentemente, dell'esplosione della cultura della guerra ancora più crudele e più destabilizzante su scala mondiale.

È la dimostrazione definitiva, non più bisognosa di distruzioni ancora più traumatiche della convivenza della famiglia umana, che l'asse storico moderno dell'inadeguata intelligenza della ragione isolata ha esaurito la sua spinta di civiltà e che il salto del pensiero maturo dell'intelligenza relazionale, di fronte alle barriere che portano all'estinzione di specie, può scegliere il cammino della sua espansione e realizzazione umana nella storia del futuro.

Pertanto, vengono qui di seguito ripresi e portati a sintesi, anche se necessariamente concisa, i percorsi transdisciplinari del rapporto abbozzato fin qui tra conoscenza e realtà, tra specie umana e cosmo che la contiene, nel focalizzare cosa è l'intelligenza relazionale in quanto diritto alla conoscenza nelle sue diverse possibili articolazioni ed espressioni, per il salto storico di civiltà della convivenza umana oltre le barriere della logica evolutiva predatoria. Il diritto universale alla conoscenza, al quale siamo pervenuti dopo oltre 300.000 anni di storia della nostra umanità, è ormai da intendere come diritto fondamentale nella sua complessità:

- diritto di ogni *Homo Sapiens* ad esprimere l'intero potenziale di conoscenza di cui è dotata la sua specie, contro ogni mortificazione riduttiva di tale potenziale;

- diritto personale ad essere produttore ed utilizzatore di conoscenza secondo i paradigmi storici più avanzati, contro ogni limitazione di libertà, accesso, educazione, espressione e riconoscimento di conoscenze qualificate;

- diritto di condivisione, partecipazione, interconnessione, riconoscimento dei saperi umani, al di là di ogni segmentazione, esclusione, parcellizzazione del bene comune della conoscenza di specie;

- diritto universale all'intelligenza emancipata della comunità di tutti i cittadini della Terra, oltre ogni forma di violenza mortificatrice e distruttrice dei viventi, della Terra e dello Spazio.

È il diritto di dialogo fra i tre domini arricchiti della mente, che attraverso l'intelligenza sensibile, genera tre corollari fondamentali che si alimentano reciprocamente nell'elaborazione, produzione e utilizzazione della conoscenza transdisciplinare: essi sono espressi dall'intelligenza e saperi dei sentimenti emancipati (I), liberi (II), comunitari (III).

In definitiva, l'apertura transdisciplinare al capitale potenziale e reale di conoscenza della nostra specie, se da una parte è chiamata ad azzerare le barriere frapposte, dall'altra ha bisogno dell'articolazione teorica e metodologica della conoscenza per la costruzione dei significati complessi interconnessi.

1.4.2 Il pensiero sensibile

Da quanto si è trattato fin qui, possiamo ragionevolmente affermare che le debolezze dei *significati* di conoscenza che adoperiamo nell'interpretare e risolvere i piccoli e grandi problemi complessi della realtà ordinaria e straordinaria risiedono nella scompensata e insufficiente valorizzazione ricorsiva dei tre domini che presiedono le intelligenze dei sensi, delle emozioni, della ragione ed, ancor più, dell'intelligenza arricchita dei sentimenti come espressione più alta della conoscenza storica della nostra specie.

Continuiamo a considerare la conoscenza e l'intelligenza che l'alimenta come conquista del solo pensiero razionale, anche se diamo spazio alla sollecitazione degli interessi, delle motivazioni e di altri fattori che accendono il pensiero razionale. Del resto, sappiamo che anche nel linguaggio d'uso comune e tanto più in quello tecnico, professionale e scientifico, termini come conoscenza e intelligenza vengono considerati operazioni di pura ed esclusiva razionalità, fuori da ogni interfaccia con il sentire. Il linguaggio considerato più valido è il linguaggio logico, senza considerare connessioni di altra natura, come l'interfaccia dei sentimenti e dei valori di civiltà.

Di qui l'affermazione autoreferenziale della neutralità e della libertà del pensiero tecnologico di origine scientifica.

In questa sede non si entra nel merito dei diversi fattori che concorrono ad accendere l'intelligenza razionale, cartesianamente intesa. Quello che si vuole mettere in evidenza è che tutti i fattori chiamati in causa come supporto al lavoro mentale della neocorteccia, elaboratrice di pensiero astratto, simbolico, cosciente vengono considerati funzionali alla esclusiva comprensione strettamente razionale, non considerandoli partecipi della formazione unitaria e, nello stesso tempo, articolata del complesso potenziale neuro-biologico della conoscenza umana. È ormai acquisito dalle neuroscienze e dalle ricerche connesse che la conoscenza non è un atto unicamente razionale, ma piuttosto un processo in cui interagiscono milioni di connessioni neuronali del complesso potenziale cognitivo, a loro volta interconnesse con altri centri di elaborazione delle informazioni che arrivano dalle diverse parti del corpo.

Il contributo transdisciplinare dei domini cognitivi, nella loro lunghissima evoluzione durante i miliardi di anni della vita sul nostro pianeta, ci insegna che ogni dominio - e pertanto ogni essere vivente in base al grado evolutivo del suo organismo - è portatore di forme raffinate e differenti di elaborazione di *significati:* ci affidiamo a questo lemma e continuiamo ad utilizzarlo per non cadere nell'interpretazione esclusiva del conoscere limitato alla 'conoscenza razionale' o al 'pensiero puro', essenzialmente espressione di un concetto in sé compiuto, non modificabile né comprensibile attraverso altre forme di "significati", come le sensazioni e le emozioni, fino alla massima espressione del sentimento potenziatore e, quindi, equilibratore dei tre domini. Abbiamo già fatto riferimento a questo problema a proposito degli assi e paradigmi spazio-temporali dei cambiamenti di rapporto tra i potenziali del sentire e del pensare nella *Big History* della nostra specie.

L'elaborazione del "significato" come abbiamo visto nel modello tripolare dove il significato/conoscenza è la risultante che unisce soggetto e realtà, non produce la ripetizione uniforme di un unico medesimo concetto, ma vi apporta connotazioni fondamentali a coglierne le innumerevoli diversità in grado di entrare in relazione con l'unità del concetto/lemma espressivo in termini di saperi e conoscenze.

Questo è un modo per entrare nella formulazione "complessa" dell'*Unità* e *Diversità* della conoscenza della nostra specie. Gli addendi conoscitivi senso-motori ed emozionali alla conoscenza razionale non sono suoi complementi secondari, ma partecipano direttamente alla pregnanza del suo significato composito.

La ricerca transdisciplinare nella formulazione paradigmatica della *Ragione che sente* è chiamata a cogliere ed esplicitare le interconnessioni ricorsive tra sentire e pensare, che danno spessore ugualmente alla ragione sensibile ed all'emozione pensante: il risultato è lo spessore dei significati che assume una profondità di conoscenza e di saperi generati da componenti che si retroalimentano. Di qui nasce il sentimento maturo che arriva ad una profondità esplorativa della realtà sconosciuta al solo pensiero razionale, ma anche al solo sentire dei sensi e delle emozioni. La conoscenza umana di più alto spessore riesce a fare dialogare e fondere sentire e pensare, ma anche pensare e sentire: il sentimento che ne nasce non è circoscrivibile ad una parte prevalente dell'attività umana, ma è trasversale a tutte le sue attività, le alimenta e porta ad unità tutte le componenti dell'agire umano nella stessa persona e nei diversi gruppi umani e nelle loro specifiche produzioni tangibili e intangibili.

Il paradigma del pensiero logico autoreferenziale ha portato alla separazione tra pensiero logico e pensiero artistico, che persiste anche nelle aree disciplinari di ricerca e di insegnamento. Sappiamo e sperimentiamo invece che sono molte le forme di mutuo arricchimento tra il pensiero analitico ed il pensiero intuitivo, tra saperi espansivi e conoscenze regolamentate, come vedremo più avanti negli approcci metodologici della ricerca partecipativa.

Alla fine, questa separazione arbitraria tra la freddezza del pensiero astratto e il calore del pensiero sensibile opera una rottura ed una frammentazione nel lavoro dei domini del sentire e del pensare ed una scissione nel personale modo di essere, come nelle forme dell'agire e nei comportamenti, desideri, aspirazioni, visioni della vita e del mondo, ed oltre.

Sappiamo come i processi di separazione degli apprendimenti logici da un lato ed empatici dall'altro influiscono pesantemente nella formazione di una mente chiusa, paralizzando il lavoro sinergico del sentire e del pensare che invece sono chiamati per loro natura a fluidificare e integrare le parti di "software cognitivo" diverse all'interno della medesima struttura di "hardware mentale".

Questa incomunicabilità, incomprensione, mis-conoscenza tra i significati del sentire ed i significati del pensare provoca molti danni di apprendimento e testimonia l'acerbità di significati generati, come si è avuto modo di segnalare a proposito dei paradigmi della conoscenza, a vari livelli di realtà e campi di conoscenza: si pensi ad un'istruzione che non tenga presente le variabili di interesse, motivazioni, talenti, che finisce con il lasciare atrofizzate parti del pensiero logico del soggetto in apprendimento. Ci si chiede, ad esempio, se una valutazione didattica negativa della matematica, bollata come incapacità di pensare se non addirittura di intelligenza, non sia dovuta al mancato coinvolgimento di partecipazione sentita insieme all'insegnamento logico.

Si potrebbe continuare a lungo sulla casistica delle differenze interne ad un significato prodotto dall'emozione che si sostituisce in parte o del tutto al pensiero o dal pensiero rigido che non coinvolge o coinvolge poco l'emozione. Va da sé che qui non si fa riferimento al pensiero alterato dall'emozione patologica, che richiederebbe un approfondimento più specifico; si discute dell'emozione più o meno gratificante nell'espressione di un pensiero complesso: ancora una volta si ribadisce che i domini sono chiamati a operare sinergicamente; il gradiente di soddisfazione aumenta anche nella ricerca non scontata di soluzione di problemi.

L'analisi qui è solo avviata. Basta riandare a quanto si è già sottolineato a proposito del potenziale aumentato dei tre domini dell'Homo Sapiens con la formazione dei sentimenti per comprendere perché la natura ci ha fornito questo gioco delle parti tra sentire e pensare: le emozioni pensate ed i pensieri sensibili costituiscono le basi della costruzione dei sentimenti, il livello più evoluto e stabile delle relazioni umane. Esso dà origine non solo alle storie delle passioni umane, ma anche ai valori, alle ideologie che muovono i gruppi umani, le popolazioni nel cammino della storia.

L'intelligenza relazionale, moltiplicando il bagaglio delle interconnessioni, apre la mente, arricchisce le esperienze e il benessere nelle condivisioni, contro le ostilità distruttive, innalza i livelli di arricchimento e di critica dei significati: il salto transdisciplinare è maturo per passare dall'interconnessione dei domini conoscitivi all'interconnessione delle conoscenze formali codificate (come tra le discipline scientifiche) e dei saperi informali (che includono i significati cognitivi soggettivi e di senso comune).

In conclusione, in base a questo *Primo Corollario dell'intelligenza relazionale in chiave transdisciplinare*, i limiti e i conflitti tra i domini del sentire e del pensare superano l'antagonismo tra i significati, perché la nascita e il consolidamento dell'equilibrio dei sentimenti sorge come logica del Terzo Incluso a cui si è già fatto riferimento, che perviene ad un livello più avanzato di intelligenza storica dell'essere umano. Il salto teorico paradigmatico rappresenta l'equilibrio e l'integrazione condivisa dei domini cognitivi nel versante storico dell'intelligenza sensibile dei cittadini del pianeta Terra: tale arricchimento del potenziale dell'intelligenza supera l'eredità filogenetica "predatore-preda" delle altre specie viventi. Apre spazi inediti e impensabili per un futuro benefico di convivenza della comunità umana e degli scambi tra i suoi diversi saperi. Esprime il potenziale interconnesso di conoscenza sensibile oltre le frontiere costituite dai saperi chiusi ed apre la coscienza umana all'etica della vita nella *Cosmodernità* (Nicolescu, 2014).

1.4.3 Il pensiero trasparente

Dovrebbe essere chiaro dalle analisi condotte fin qui che il legame complesso tra i domini conoscitivi è fondato sulla natura neurobiologica della mente di ogni essere umano. Ma questo non ci dice che il potenziale di costruzione dei significati, più o meno semplici o complessi che siano, riesca a garantire il diritto universale alla piena conoscenza. La risposta più immediata è scontata: vi sono vincoli e facilitazioni, ma anche impedimenti e percorsi di apprendimento di contenuti che dipendono dai contesti spazio-temporali di vita, società, cultura e civiltà deputati a regolamentare tipi e forme di significati elaborati ed acquisiti nella relazione con le realtà di differente natura.

Il vincolo tra i nessi dei domini cognitivi e tra l'intero potenziale di costruzione dei significati rappresenta la connessione complessa che genera le conoscenze prodotte dalla nostra specie, permettendole di relazionarsi con la realtà. La realtà, dalla sua dimensione micro a quella macro, modella le menti umane perché possano individuarne i livelli e relazionarsi con essi: in tal modo accede alla costruzione e interpretazione dei significati che formano un ponte tra il potenziale intellettivo e la realtà stessa: si modificano i significati elaborati e anche la relazione tra soggetto e realtà.

Questo processo olografico si ripete nella storia delle vite umane: produce i saperi che ognuno di noi e dei nostri antenati, retrocedendo fino all'origine della nostra specie, elaboriamo in modo continuo. I saperi umani sono vivi nelle conoscenze che possediamo e ci guidano lungo il cammino della nostra esistenza, siano essi consapevoli per il carattere cosciente della ragione, o inconsapevoli, per il carattere non cosciente del sentire, e rimangono nella memoria stratificata inconsapevole e consapevole della nostra mente.

I saperi umani restano nella memoria collettiva delle generazioni, delle società e delle culture finché i cambiamenti da essi prodotti durano nel tempo e nello spazio e ne lasciano traccia nei prodotti storici dell'antropizzazione. La loro diffusione nella realtà costruita e modificata dalla nostra specie si incontra in tutti i livelli di realtà e forme di conoscenze: ad esempio, dai significati espressi nei segni tracciati nelle caverne, nelle argille delle prime scritture sumere fino alle onde dell'infrarosso inviate dal telescopio James Webb, che ci porta alla formazione delle stelle e delle galassie alle origini dell'Universo.

Questa lettura dei significati della realtà, espressi sia nelle forme intangibili della produzione cognitiva della nostra specie sia nelle testimonianze tangibili che possiamo definire patrimoni individuali e collettivi delle culture, delle società, delle aggregazioni umane (siano essi riconosciuti o meno dall'UNESCO patrimoni eccellenti dell'umanità) dimostra un assunto fondamentale della conoscenza umana, una volta lasciate alle nostre spalle le barriere delle elaborazioni segmentate dell'esplorazione selettiva della realtà. La memoria storica della conoscenza umana è basata su principi selettivi di legittimazione delle conoscenze accreditate: essi arrivano fino a misconoscere il potenziale di produzione di conoscenza di intere generazioni e popolazioni di Homo Sapiens, lasciando ai margini i loro patrimoni di saperi o cancellandoli dall'eredità storica insieme alla distruzione delle loro vite.

Il punto di arrivo allora è un altro: tutti gli esponenti della nostra specie dalle sue origini in poi hanno elaborato ed elaborano loro saperi, al di là della qualità e della funzionalità loro attribuita da altri, ma anche al di là della capacità e possibilità di interpretarne contenuti e linguaggi: saperi umani, individuali e collettivi, di intere popolazioni, di civiltà e culture altre sono state escluse, repressi, utilizzando interpretazioni a loro estranee. È in definitiva un costume colonizzatore tuttora operante, con strumenti di informazione o disinformazione di massa attraverso tecnologie che operano su scala planetaria. Nei genocidi perpetrati nei secoli non c'è solo la distruzione di territori e la morte dei loro abitanti, ma anche la distruzione della memoria dei loro saperi e delle loro culture e civiltà.

Sono tutte analisi ormai acquisite nella logica di andare oltre le barriere, permettendoci di approfondire la storia transdisciplinare delle società e culture, dei poteri e dei popoli: l'evoluzione storico-spaziale degli assi e dei paradigmi delle conoscenze egemoniche ci dice che le possibilità e gli ampliamenti delle conoscenze sono mutati, si sono allargati, si sono estesi, si sono diffusi con l'accesso via via maggiore alle tecnologie di rete tra i ceti sociali, fino a stabilire in epoca moderna e contemporanea via via regole più articolate e nuove di codificazione delle conoscenze nell'ambito dell'istruzione e delle nuove generazioni che ne avessero diritto in rapporto alla posizione lavorativa, sociale ed economica.

Siamo arrivati su scala mondiale alla *Società dell'Informazione* e addirittura alla *Società della Conoscenza* per l'innalzamento dei numeri di popolazione e dei contenuti dell'informazione. Con la *Società Digitale, dell'IA, del MetaVerso,* la conoscenza informale sta sovrastando la conoscenza formale, in particolare negli utilizzatori più passivi e ripetitivi. Siamo giunti paradossalmente all' espansione e utilizzazione delle *informazioni* e dei loro *significati,* del passato e del presente su scala planetaria, come contenuti e forme di conoscenza nell'accezione più ampia del potenziale tripolare arricchito dell'HS in molteplici sensi:

- I canali che li veicolano, oggi e ancora più domani e nel futuro più lontano, ricorrono a tecnologie che utilizzano la velocità della luce e dell'elettronica, ingigantendo con gli archivi dei bit la quantità di informazioni del passato e del presente per poterla utilizzare in tutte e per tutte le attività umane senza limitazione con un potenziale di gestione, impensabile fino ad oggi, della conoscenza;

- Il destino dei patrimoni storici e quotidiani dei saperi intangibili e tangibili, a qualunque livello e forma, lingua e paese si esprimano, è che possono arrivare a perdere la loro capacità dialogica e comunicativa, o come nelle colonizzazioni del passato e del presente possono essere svuotati di significato e rendere gli utilizzatori ancora più incapaci di interpretare le realtà che si impongono nei nuovi linguaggi, fonemi, lemmi.

Nasce un nuovo analfabetismo intellettuale attraverso stereotipi di saperi che girano per il mondo, riducono gli scambi genuini tra le persone e alterano i significati della realtà vissuta. Si costruiscono nuove barriere di analfabetismi tra vecchi e nuovi contenuti.

Come difesa e autopromozione dei modelli cognitivi degli assi e paradigmi del passato, i saperi separati nei campi delle discipline, delle culture e delle ideologie recuperano e rafforzano i loro paradigmi di divisione e opposizione, esattamente mentre con i nuovi canali e strumenti tecnologici sembrano perdere vigore di fronte alle nuove connessioni inter e transdisciplinari. In modo paradossale, aprono un nuovo fronte alle barriere tra persone, saperi, valori e poteri.

Questa rassegna, appena abbozzata, dà nuova forza al potenziale della conoscenza perché si rigeneri in forme e contenuti creativi, oltre i limiti violenti che hanno smarrito la via del nuovo cammino verso la crescita e la convivenza della nuova civiltà planetaria. Perché questo sia possibile il nuovo potenziale di intelligenza umana, non si ferma alla conoscenza sensibile, ma ha bisogno anche di una nuova pulizia della conoscenza nella sua componente umana più profonda: il ritorno alla conoscenza libera, senza schiavitù né falsità, non passivamente condizionata.

Questo *Secondo Corollario dell'intelligenza relazionale in chiave transdisciplinare* va al di là dei vincoli interpretativi rigidamente prestabiliti che ne sminuiscono il valore dei significati elaborati, ne tradiscono la linfa vitale che li rapporta alla realtà, li rende incapaci di coglierne gli aspetti più profondi e, quindi, li esclude dalla qualità della conoscenza che procede senza barriere.

Si tratta dello stesso potenziale conoscitivo che nel cammino interpretativo della realtà viene frenato dagli effetti boomerang dei significati contaminati. La conoscenza senza frontiere è chiamata a un costante lavoro di pulizia e trasparenza mentale dei significati che incrocia, per mantenere sempre viva, fertile ed esplicita la sua profonda qualità di intelligenza. Essere sempre chiara e rispettosa di se stessa, non lasciarsi contaminare dalla falsità degli altri condizionamenti, né dalla violenza di ogni freno che intende bloccare la sua incessante intenzione di rimanere se stessa, genuina e trasparente.

L'analisi dell'intelligenza relazionale ci ha portati a riconoscere, oltre il primo carattere del pensiero sensibile, anche il secondo del pensiero libero nella sua trasparenza. È un'ulteriore apertura della coscienza umana all'etica della vita nella *Cosmodernità*. (Nicolescu, 2014).

1.4.4 Il pensiero condiviso

Rimane da completare l'analisi dell'intelligenza relazionale nel *suo Terzo Corollario: della conoscenza del pensiero condiviso attraverso i sentimenti convergenti.* Esso porta a compimento la struttura tripolare aperta del processo di conoscenza dei sentimenti emancipati nel rapporto con la realtà e ne mette in luce il complesso modello a spirale: nel sistema uomo-mondo l'insieme delle diversità interconnesse si replica olograficamente, come nel frattale naturale del "cavolfiore romanesco" in cui si ripetono le stesse forme su scale diverse, come ripreso nel prossimo paragrafo.

L'apertura transdisciplinare al capitale potenziale e reale di conoscenza della nostra specie, se da una parte è chiamata ad azzerare le barriere frapposte, dall'altra ha bisogno dell'articolazione della conoscenza ai vari livelli e campi di realtà per la costruzione dei suoi significati complessi e interconnessi.

Non si può chiudere questa carrellata sull'intelligenza relazionale senza un'ultima notazione fondamentale, che deriva dall'analisi fin qui condotta, anche se solo introduttiva: l'interconnessione tra le conoscenze nasce e si alimenta dall'interconnessione che c'è nella realtà, a qualunque livello e campo in cui venga esplorata.

L'aspetto qualificante dell'approccio transdisciplinare è riconoscibile nella stretta relazione tra 'i nodi di complessità' che attraversano e tengono unite le parti del problema in cui determinate corrispondenze disciplinari e di altri tipi di saperi si sovrappongono e interagiscano oppure si aggiustano per connettersi al fine di generare una forte sinergia risolutiva dell'insieme del problema reale.

Da questo punto di vista, si apprezza la differenza dell'approccio transdisciplinare: esso si preoccupa di stabilire connessioni di contenuti e di processi esplorativi tra le discipline coinvolte, rimanendo nel limite di ogni disciplina, senza che nessuna di esse possa risultare incongrua, insufficiente o persino pregiudizievole nello smontaggio del problema complesso, che non può essere dominio esclusivo di nessuna disciplina o sapere particolare.

Per questa ragione, che nasce dalla specializzazione delle conoscenze attente soltanto alla difesa dello specifico punto di vista di ciascuna, è importante sottolineare la riduzione esplorativa della realtà evidenziata: ne sono un esempio significativo le diverse barriere tra le scienze, come gli steccati tra le scienze umane e le scienze della natura, tra le aree di un medesimo ambito scientifico o anche tra gli aspetti di una medesima disciplina, oppure tra le componenti di una o più diverse culture.

La diversità di conoscenze non ha valore conoscitivo in sé, ma tanto più esse ne assumono e si arricchiscono in quanto partecipano insieme alla ricostruzione dell'unità del problema reale. Questo non significa che i diversi saperi non esprimono ciascuno una zona distinta di realtà, ma che essa non si contrappone alle altre e costituisce una parte del tutto, riconoscendosi ciascuna funzionale in un insieme reale più ampio. In questo senso, le differenze non si contrappongono, ma si attraggano reciprocamente per accedere a una realtà e a conoscenze più estese e profonde.

In questa direzione, le tre componenti del conoscere relazionale convergono insieme verso il pensiero sensibile, trasparente e condiviso della realtà più profonda: l'intelligenza umana e l'intelligenza degli altri viventi, pur in presenza di componenti evolute diversamente, fanno parte della medesima unità della biosfera e delle sue nicchie di vite diversificate. È chiaro che il processo è vitale, cooperativo ed ha bisogno di equilibri ecosostenibili.

L'intelligenza relazionale, grazie alla sua energia transdisciplinare, non si afferma sulla base di processi automatici, ma ha bisogno di alimentarsi dello stadio più avanzato del potenziale di conoscenza naturale e storica, come già evidenziato nello studio approfondito fin qui.

L'intelligenza del pensiero sensibile, trasparente e condiviso (o compartecipe) diventa la chiave transdisciplinare che rende superabili le opposizioni del sentire e del pensare e spinge la specie umana verso la civiltà più avanzata dei cittadini della Terra. La separazione e l'opposizione tra i diversi saperi possono essere superate grazie alla ricerca di significati che uniscono e risolvono problemi fino ad ora non risolvibili, anzi dannosi se analizzati da intelligenze settoriali con conoscenze parziali.

Il processo della conoscenza dei sentimenti nel sistema uomo-mondo delle diversità interconnesse, al di là della logica, della dinamica e della convivenza oppositive si replica olograficamente in tutti i campi e livelli della civiltà terrestre e costruisce comunità di saperi non violenti nella Casa Comune Terra/Cosmo.

L'intelligenza relazionale intreccia ed alimenta i saperi della Civiltà terrestre dovunque prima erano incomunicanti ed opposti. Si afferma sul pianeta Terra l'essere umano dell'intelligenza relazionale che impara a coniugare insieme i sentimenti del bello, del buono, del giusto, del vero. Il pensiero relazionale coltiva l'intelligenza comune dei sentimenti terrestri, che condividono e radicano il legame generativo di identità ed appartenenza tra Terra-Madre e Terra-Patria (Morin e Kern,1993). Essi rafforzano i diritti e i doveri della comune cittadinanza del pianeta Terra, alimentati dall'educazione alla cittadinanza terrestre.

Il pensiero relazionale riconosce l'unità del potenziale di conoscenza della specie, fonda il diritto di essere tutti produttori di saperi emancipati, mette in relazione i sistemi organizzati della conoscenza, educa e capitalizza l'intelligenza dell'intera umanità. Dalla sofferenza su scala mondiale, dal dolore delle pandemie e dall'intollerabile lutto della guerra sparsa per il mondo, si intraprende il cambio di strada dei cittadini della Terra rigenerati dall'intelligenza avanzata della ragione sensibile, trasparente e condivisa, che consegna alle generazioni del futuro (Morin, 1999) l'Antropocene sostenibile del nuovo *Homo Sapiens* per il secolo XXII: si compie il salto paradigmatico della relazione tra le conoscenze, il salto paradigmatico della relazione di specie, il salto paradigmatico della civiltà di specie.

La conoscenza dei sentimenti condivisi aumenta e completa il carattere complesso dell'intelligenza transdisciplinare, portando a compimento il sistema tridimensionale della relazione cognitiva.

- La "relazione ricorsiva arricchita" supera l'antagonismo sentire-pensare, generando il terzo incluso del sentimento che li fonde alla profondità del livello conoscitivo più avanzato.

- Questo livello attiva un ulteriore processo emancipativo, che uscendo dalle logiche e dai saperi della coercizione rigenera e rafforza il carattere del sentire e pensare trasparente, ereditato dall'evoluzione dei viventi, e perviene ad un ulteriore livello di costruzione libera e più articolata dei significati trasparenti dei rapporti con la realtà.
Per riferirsi alla metafora della trasparenza della luce, i significati elaborati non si fermano ad un traguardo finale di riconoscimento della realtà, ma come luci dotate di onde più penetranti affondano più lontano nello spazio-tempo il riconoscimento della realtà profonda e con essa si fondono nell'unità cosmica.

- La spirale della conoscenza relazionale ha raggiunto una tale limpidezza cognitiva dei sentimenti arricchiti che, a questo ulteriore stadio esplorativo, come in uno spazio-tempo senza confini, non entra in contrasto con gli ostacoli che annullano la conoscenza e i saperi prodotti, ma li arricchisce senza limiti attraverso i canali di connessione con i diversi e distinti saperi, con le diverse e distinte menti umane e con l'universo della conoscenza e della vita che tiene uniti significati e realtà dalla micro alla macro comunità dei saperi del nostro pianeta, e oltre. È il punto più alto della generazione di ulteriori inedite "categorie interpretative". Queste esprimono e testimoniano il superamento dei "nodi di complessità" via via che passano da un livello all'altro di conoscenza sensitiva, trasparente, convergente, lungo una spirale interpretativa che non trova fine. Perseguendo l'approccio transdisciplinare la ricerca dei significati non si esaurisce alla sommità raggiunta del rapporto realtà- conoscenza, ma riparte immancabilmente verso ulteriori stadi della relazione raggiunta. Lungo questa direzione la transdisciplinarità non può pervenire ad un punto terminale di conoscenza, perché la sua epistemologia è costantemente tesa a cercare al di là della realtà conosciuta.

In conclusione, *la Struttura e la Dinamica Ricorsive del Processo di Conoscenza TD dei Sentimenti Emancipati e Democratici* possono essere riassunte nel seguente modello transdisciplinare dell'intelligenza relazionale.

**Modello TD(6) - Dinamica ricorsiva del processo
di conoscenzadell'Intelligenza Relazionale Transdisciplinare (IRT)**

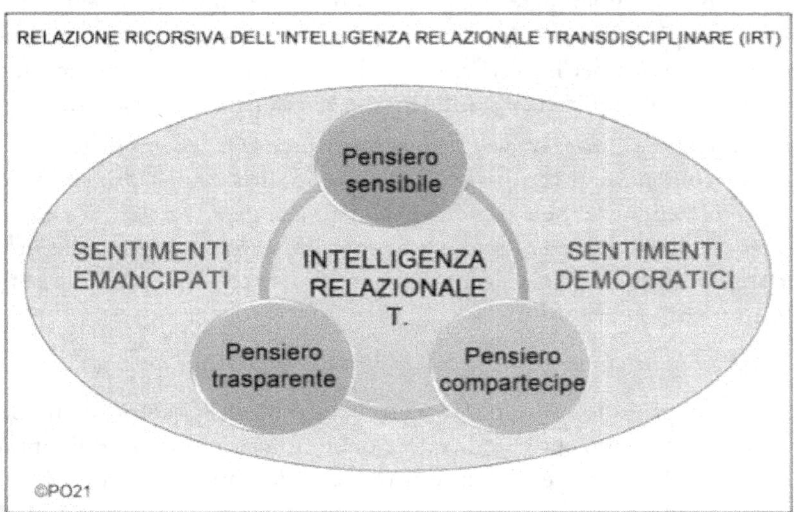

L'approccio del pensiero TD ai sentimenti emancipativi e democratici si realizza nei livelli trasformativi delle comunità dei saperi attivabili attraverso la RAP-T, presentata nel paragrafo che segue. Essa alimenta l'asse della "Ragione che sente" rivoluzionando il paradigma dei "sentimenti emancipativi" nella direzione dei "sentimenti democratici".

L'intelligenza complessa della RAP-T attraversa tutti i livelli e campi dell'agire: le strategie dello sviluppo endogeno sostenibile dei territori (locali, nazionali, globali) e gli operatori professionali dei metodi, tecniche e strumentazioni di intervento testimoniano l'avanzamento della nuova democrazia della conoscenza condivisa come sentimento comunitario di tutti i cittadini della Terra.

LIVELLI V-VIII
Focus e Modelli transdisciplinari:
Strategia / Territorialità / Professionalità / Metodologia

1.5 Ricerca Azione Partecipativa Transdisciplinare (RAP-T): comunità di saperi oltre le violenze

1.5.1 Relazioni ricorsive tra teoria e pratica dell'intelligenza transdisciplinare

Categoria delle influenze reciproche

L'approccio transdisciplinare ci ha insegnato che i rapporti tra livelli di conoscenza e campi di realtà non procedono per sequenze lineari, gerarchiche e, dunque, rigide, ma per intrecci ricorsivi dove tutte le componenti entrano in relazione diretta o indiretta e si influenzano in maniera trasversale tra di loro.

Alla categoria lineare *causa-effetto* si sostituisce la categoria delle *influenze reciproche* con spinte e controspinte in tutte le direzioni. Il principio ricorsivo dell'interconnessione è dunque chiamato a cogliere i nessi e a rafforzarli per rendere più stabili ed efficaci gli scambi, riuscendo ad instaurare inedite interfacce multidirezionali che rimuovono gli ostacoli tesi ad allontanarli e separarli tra di loro.

Interscambi tra dimensioni teoriche e dimensioni pratiche dei saperi

All'inizio del capitolo, a proposito dei Focus e Modelli assunti come punti di riferimento, è stato spiegato il valore del mutuo scambio transdisciplinare tra dimensioni teoriche e dimensioni pratiche dei saperi: i Focus e Modelli interpretativi dei saperi non sono parti distinte e separate dai Focus e Modelli operazionali di cambiamenti della realtà. Al loro interno, i primi si alimentano a livelli diversi, i secondi su piani diversi. Ora lo scambio ricorsivo è all'interno dei nessi che si instaurano dalle teorie alle pratiche operazionali dell'agire, e viceversa.

In termini di modellizzazione dei focus, alimentati dai saperi teorici (visione, storia, epistemologia, teoria), i nuovi focus e modelli di questa seconda parte non procedono secondo un ordine gerarchico, ma si muovono ricorsivamente dalle strategie agli apparati, dagli apparati istituzionali alle professionalità ed, infine, da queste ultime alle metodologie e tecnologie. Il processo ricorsivo procede anche nel senso inverso, dalle metodologie/tecnologie fino agli apparati e strategie. È un flusso che anche in questo caso va nelle due direzioni ed intreccia anche relazioni trasversali. È un campo di relazioni inedite, che va a scovare in profondità assetti relazionali inesplorati, fondamentali per le soluzioni di qualità innovative dell'I.R.T.

Trasferimenti di saperi nelle relazioni operazionali di pratiche di cambiamento della realtà

La relazione ricorsiva dei focus risponde alle categorie di realtà e conoscenze prese in esame.

Nel caso del presente capitolo, e dell'intero libro della CTU, i campi di realtà e i saperi connessi presi in considerazione rientrano nel rapporto generale tra *Conoscenza* e *Realtà*. Sin dalla presentazione iniziale, però, si calano sempre più nel rapporto operazionale che dalla teoria transdisciplinare passa alle pratiche transdisciplinari di comunità umane che maturano intelligenze più avanzate nella realizzazione dei campi di azione di società interconnesse al loro interno e con le altre del pianeta: gli attori implicati nei campi di azione operano in maniera interconnessa mirando alla crescita equilibrata e integrata verso la civiltà di convivenza sostenibile dei cittadini del pianeta.

Nello specifico, in questa seconda parte il flusso pluridimensionale è orientato alle categorie della relazione tripolare all'interno della biosfera ed oltre, in analogia con l'equilibrio delle connessioni che vanno e vengono dalla microrealtà delle particelle/energie alla macrorealtà del cosmo.

L'intelligenza della nostra specie in tal modo matura le sue potenzialità interconnettive e procede verso l'espansione relazionale equilibrata emancipandosi dal disequilibrio oppositivo e riduzionista delle potenzialità della conoscenza umana.

Il sistema complesso di connessioni di ordine pratico impegna ricorsivamente i seguenti campi di azione:

- tra i soggetti umani;
- tra gli umani e gli altri viventi;
- tra i soggetti umani, gli altri viventi e la Terra.

Nel focus e modelli presi in esame le connessioni di ordine pratico si replicano olograficamente ai seguenti livelli e campi pratici: tra strategie-apparati-professionalità-metodologie-tecnologie che dialogano nelle molteplici interfacce.

In questo paragrafo finale del capitolo, per limiti di spazio, si presenta solo una sintesi della Ricerca Azione Partecipativa Transdisciplinare: essa attraversa tutto l'arco dei campi di applicazione della conoscenza ai cambiamenti della realtà ai livelli operazionali che si muovono tra le strategie e le metodologie di intervento.

Modello TD(7) - Relazioni ricorsive tra teoria e pratica dell'intelligenza transdisciplinare

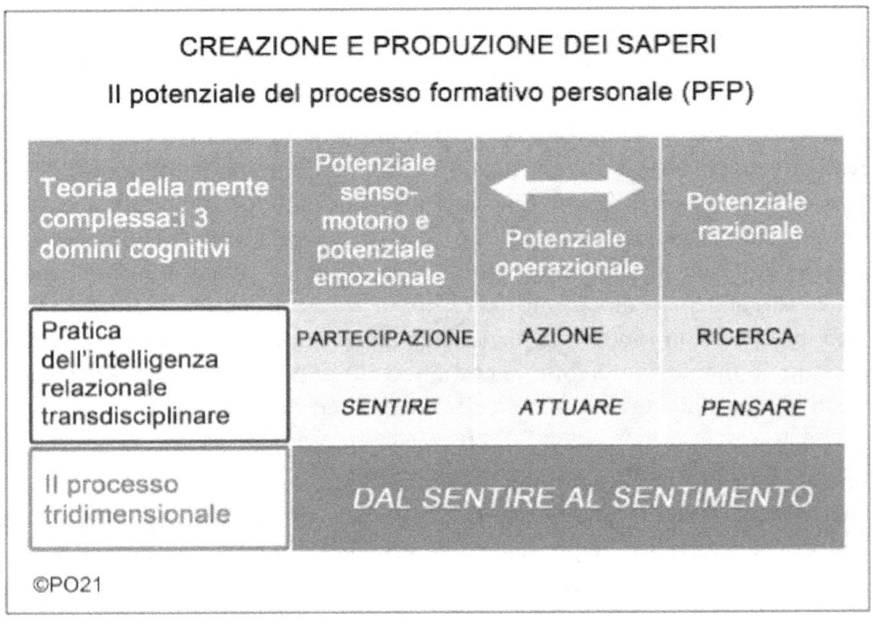

1.5.2 Ricerca Azione Partecipativa Transdisciplinare (RAP-T): paradigma di democrazia intelligente emancipata

La RAP è nata come critica all'approccio positivista e, successivamente, all'autoritarismo negli anni della grande contestazione del secolo scorso. Si è poi diffusa attraverso reti internazionali in paesi e contesti di marginalizzazione, per il suo carattere polivalente di riunificare ricerca e pratiche di partecipazione emancipatrice. Ha approfondito e promosso la ricerca caratterizzata dal coinvolgimento dei soggetti direttamente implicati nei problemi dello sviluppo umano e, quindi, nell'educazione delle comunità locali. L'assetto più strategico e metodologico della RAP è stato raggiunto con la sua collocazione nello sviluppo locale integrato sostenibile attraverso la cooperazione internazionale decentrata.

Si va diffondendo in varie regioni del mondo, come strumento di formazione, ricerca innovativa e professionalità avanzata, in particolare nelle situazioni di fragilità che coinvolgono sempre più il mondo interconnesso. In questo lungo processo storico di articolazione e approfondimento, la RAP si è confermata strumento potente di maturazione dello sviluppo democratico attraverso l'intelligenza emancipata.

L'esperienza sul campo e gli studi realizzati attorno alla RAP a cui si fa riferimento in questa sede, si sviluppano a partire dal "Progetto Moter" (Modello Territoriale di Programmazione Educativa nei Comuni dell'area flegrea, nella provincia di Napoli) dell'Università di Napoli a cavallo degli anni '70/'80 del secolo scorso. Inizialmente, la dimensione transdisciplinare era implicita nelle sue componenti sociali, culturali, educative e relazionali: essa era basata sul rapporto tra i saperi della popolazione, inclusi i giovani nelle scuole, ed i saperi degli esperti, per una soluzione decentrata dei problemi quotidiani che incidevano negativamente sul benessere all'interno del territorio, come persone e cittadini con ruoli e funzioni differenti nella comunità locale. Col passare degli anni, grazie all'utilizzo della RAP anche in società locali e all'estero, soprattutto in America Latina con popolazioni indigene e ceti popolari, la modellazione delle esperienze ha portato alla sua sistematizzazione scientifica aperta. Per gli approfondimenti si rimanda alla bibliografia finale del capitolo.

Riepilogando, si può affermare che le basi scientifiche della RAP, approfondite e consolidate in anni di studio, ricerca, applicazione, valutazione e trasferimento, sono approdate alla teorizzazione transdisciplinare, rendendola idonea ad alimentare l'Intelligenza Relazionale Transdisciplinare: tali basi sono sottese alla matrice teorico-pratica su cui si reggono il quadro strategico, territoriale e professionale, e il flusso metodologico e tecnico nella costruzione di *comunità di saperi dei cittadini della Terra* per la civiltà planetaria del futuro.

Matrice della RAP-T

Per limiti di spazio del libro, si riporta qui di seguito soltanto la sintesi della Matrice del Quadro e Flusso, che riassume le componenti teoriche, metodologiche e tecniche della realizzazione della RAP-T.

La matrice presenta la rete delle componenti e relative categorie che tengono insieme la struttura aperta e la dinamica dei nodi di connessione del Quadro e Flusso della RAP-T, per l'alimentazione dell'intelligenza relazionale transdisciplinare (IRT) in differenti situazioni della vita quotidiana, con il tramite di educatori e formatori transdisciplinari. Essa definisce, articola e mantiene connesse le singole parti della RAP-T (variabili orizzontali del modello) nel loro snodo durante le fasi della RAP-T (variabili verticali del modello).

Modello TD(8) - Matrice della RAP-T:
la democrazia della conoscenza per la cittadinanza terrestre

ALIMENTAZIONE DELL'INTELLIGENZA RELAZIONALE TRANSDISCIPLINARE (IRT) Quadro e flusso transdisciplinari della Ricerca Azione Partecipativa				
RICERCA Logica e dinamica del pensare	AZIONE Logica e dinamica dell'agire	PARTECIPAZIONE Logica e dinamica del sentire	IMPLEMENTAZIONE DEI SAPERI DEL SOGGETTO	ALIMENTAZIONE DEI SENTIMENTI + sentire + pensare + agire
Problema	Attivazione	Sensibilizzazione	Saperi preesistenti	+ Emozione
Analisi	Agire esplorando	Coinvolgimento	Saperi preesistenti ▼ Saperi transdisciplinari	+ Emozione + Ragione
Ipotesi	Agire prevedendo	Affezione	Saperi preesistenti + Saperi transdisciplinari	Da E + R a S
Verifica	Agire provando	Soddisfazione	Nuovi saperi transdisciplinari del soggetto	Da E + R a + S
Valutazione	Agire migliorando	Presa a carico	Saperi transdisciplinari del soggetto	+ Sentimento

@PO00

La Matrice si compone di tre parti.

a. Nelle prime tre colonne di sinistra si evidenzia come nel gruppo di lavoro RAP si adottano sinergicamente le logiche e le dinamiche della Ricerca, dell'Azione e della Partecipazione e come esse si snodano interconnesse nello scorrere delle 5 fasi operative: inizialmente, nella prima fase, i partecipanti concordano il tema di interesse comune e il problema da affrontare, attraverso tecniche di comunicazione informale (come il Brainstorming), in cui si mettono in moto i saperi del sentire e del pensare per le azioni partecipative di ricerca. Le cinque fasi, tarate sull'individuazione e scelta del problema sensibile condiviso da chiarire e risolvere, seguono il pensiero analitico della ragione (problema-analisi-ipotesi-verifica-valutazione) che lavora insieme all'analisi intuitiva coinvolgente del sentire (sensibilizzazione-coinvolgimento-affezione-soddisfazione-presa in carico): queste due componenti metodologiche si intrecciano con la terza nel processo di lavoro condiviso dell'agire (che si attiva, esplora, costruisce previsioni, le mette alla prova e le migliora). Nelle cinque fasi la RAP utilizza il pensare sensibile, trasparente, convergente dell'intelligenza relazionale, come spiegato nel precedente paragrafo 1.4. Si giunge in tal modo ai nuovi saperi relazionali di spiegazione e soluzione integrata del problema iniziale;

b. Nella quarta colonna da sinistra si mette in evidenza come nello svolgimento delle fasi di R., A. e P. si parte dall'esplicitazione dei saperi disponibili nei soggetti partecipanti e via via questi si relazionano con i nuovi saperi che, attraverso il conduttore della RAP-T e i contributi scientifici e tecnici delle transdiscipline chiamate in causa, contribuiscono alla spiegazione e soluzione del problema: durante questo scambio i partecipanti passano via via alla costruzione dei significati integrati dell'approccio transdisciplinare. Nelle ultime fasi, i soggetti partecipanti sono ormai ad uno stadio avanzato di costruzione delle verifiche e valutazioni, utilizzando i loro nuovi saperi transdisciplinari. È importante sottolineare che in molte occasioni lo scambio di saperi tra i soggetti raggiunge "punti di vista" pertinenti che canalizzano e sciolgono nodi di connessione, utili anche agli esperti per arrivare ad adottare percorsi comuni di soluzioni condivise. Sono testimonianze delle connessioni transdisciplinari che legittimano il valore della conoscenza soggettiva di matrice maggiormente sensomotoria ed emozionale a beneficio della conoscenza oggettiva di matrice strettamente razionale. Questo beneficio risolutivo, come si è fatto notare a proposito delle intelligenze sensibili, trasparenti e convergenti, va anche nell'altra direzione, che dalla conoscenza professionale sensibile di origine scientifica arricchisce in termini di razionalità più ampia la conoscenza empirica;

c. Nella quinta colonna da sinistra si mette in evidenza come nello svolgimento delle fasi, il processo progressivo di relazioni tra saperi del sentire (sensazioni ed emozioni) e saperi del pensare fusi nei saperi dell'agire portano all'emergere progressivo della conoscenza del sentimento: il lavoro svolto, nelle sue specificità e differenziazioni personali si stabilizza e si autoalimenta nei soggetti come intelligenza relazionale.
L'intero processo RAP-T si autoalimenta e si approfondisce nei soggetti in rapporto al numero di sedute previste dal programma di ricerca adottato, ma soprattutto con il radicamento delle forme di separazione. Alimentato anche fuori delle sedute in maniera autonoma, diventa via via un processo di auto-apprendimento ed auto-educazione progressiva di intelligenza relazionale.

Rete e categorie dei Nodi di connessione della RAPT

Chiariti il Quadro e il Flusso di ciascuna e di tutte le tre componenti strutturali della RAP-T, si può ora operare lo smontaggio completo dell'intera Matrice attraverso lo spacchettamento delle declinazioni interne, che permette di individuare e analizzare le categorie interconnesse utilizzate.

Lo spacchettamento delle *componenti per categorie* (*) della teoria e dinamica della mente complessa attivata dalla RAP-T porta al seguente tracciato del reticolo (da (a*) a (g*) e viceversa) dei Nodi di connessione: (a*) Assi, (b*) Potenziale, (c*) Pratiche, (d*) Logiche e dinamiche, (e*) Relazioni di potenziale, (f*) Implementazione dei saperi, (g*) Alimentazione dei sentimenti. Essi sono descritti nella Tabella seguente.

Modello TD(9) - Nodi di connessione della RAP-T

(a*) Assi fondativi del processo teorico-operativo della RAP-T				
RICERCA		AZIONE		PARTECIPAZIONE
(b*) Potenziale dei tre domini della conoscenza				
(B.) POTENZIALE RAZIONALE		(C. di A. e B.) POTENZIALE OPERAZIONALE		(A.) POTENZIALE SENSO-MOTORIO E POTENZIALE EMOZIONALE
(c*) Pratiche di intelligenza relazionale transdisciplinare				
PENSARE		ATTUARE		SENTIRE

(d*) Logiche e dinamiche dell'intelligenza relazionale transdisciplinare				
LOGICA E DINAMICA (ANALITICA) DEL PENSARE	LOGICA E DINAMICA PERAZIONALE) DELL'AGIRE	LOGICA E DINAMICA (INTUITIVA) DEL SENTIRE	IMPLEMEN-TAZIONE DEI SAPERI DEL SOGGETTO	ALIMENTAZIONE DEI SENTIMENTI + SENTIRE + PENSARE + AGIRE

(e*) Fasi del processo di relazioni di potenziali: verticali (per potenziali) e orizzontali (per logiche e dinamiche dei potenziali)		
PROBLEMA	ATTIVAZIONE	SENSIBILIZZAZIONE
ANALISI	ATTUAZIONE DELL'INDAGINE	COINVOLGIMENTO
IPOTESI	ATTUAZIONE ANTICIPATIVA	AFFEZIONE
VERIFICA	ATTUAZIONE APPLICATIVA	SODDISFAZIONE
VALUTAZIONE	ATTUAZIONE DEL MIGLIORAMENTO	PRESA IN CARICO (RESPONSABILIZZAZIONE)

(f*) Fasi del processo di implementazione dei saperi
SAPERI PREESISTENTI
SAPERI PREESISTENTI ↓ SAPERI TRANSDISCIPLINARI
SAPERI PREESISTENTI + SAPERI TRANSDISCIPLINARI
NUOVI SAPERI TRANSDISCIPLINARI DEL SOGGETTO
SAPERI TRANSDISCIPLINARI INTEGRATI DEL SOGGETTO

(g*) Fasi del processo di alimentazione dei sentimenti: costruzione della intelligenza relazionale transdisciplinare
+ SENTIRE + PENSARE + AGIRE
+ EMOZIONE
+ EMOZIONE + RAGIONE
DA E+R A SENTIMENTO
DA E+R A + SENTIMENTO
+ SENTIMENTO

In tal modo, dallo spacchettamento è possibile procedere al rimpacchettamento, come in un puzzle, delle *componenti per categorie* (*) del processo teorico-operazionale della RAP: si ricompongono il quadro e il flusso complessivo di alimentazione dell'intelligenza relazionale. Diventa esplicito il processo di relazioni ricorsive dei saperi dalla prima all'ultima fase di alimentazione della conoscenza dei sentimenti dell'intelligenza relazionale.

1.5.3 Sfoglio transdisciplinare al di là delle barriere della conoscenza e della realtà

La relazione transdisciplinare tra IR e RAP è ricorsiva: si gioca nell'approfondimento e soluzione di problemi complessi attraverso l'interconnessione tra i livelli di conoscenza con tutti i saperi coinvolti e i campi della realtà.

La ricorsività della relazione transdisciplinare alimenta sia l'Intelligenza Relazionale che la RAP. La retroazione è possibile in quanto viene utilizzata la medesima metodologia dello sfoglio dei saperi e della realtà. Ciò è ben illustrato dalla rappresentazione frattale delle relazioni saperi-realtà, che mostra un numero frazionario di dimensioni che vanno oltre quelle unidimensionali (lineari) e quelle bidimensionali (due piani); sono definite attraverso i processi ricorsivi dell'IR della RAP, per la quale le rappresentazioni su diversa scala di uno stesso oggetto frattale presentano somiglianze strutturali.

In questo modo, si stabiliscono anche relazioni olografiche secondo il principio moriniano della parte nel tutto e del tutto nella parte (Morin, 2001).

Nel seguente modello, lo sfoglio TD della realtà/saperi è rappresentato per analogia con il cavolfiore romano (già riportato): è una verdura tipica italiana che ha le caratteristiche di un oggetto frattale naturale.

Modello TD(10) - Sfoglio dei saperi e della realtà

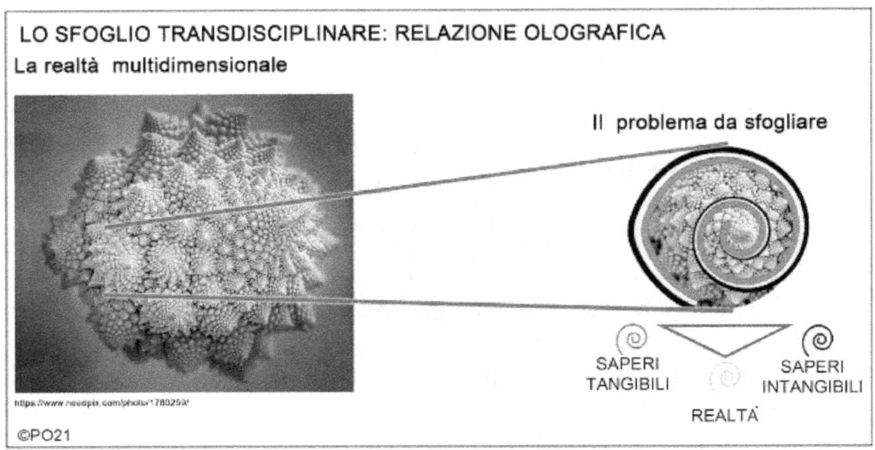

Il modello generale si applica qui alla RAP: si riproducono i primi quadri dello sfoglio oltre le barriere, utilizzati nei tre livelli di realtà e conoscenza secondo la RAP.

Prima applicazione Modello TD(10) dello sfoglio

I) Il livello base: lo sfoglio della realtà e dei saperi per la *soluzione del problema*.

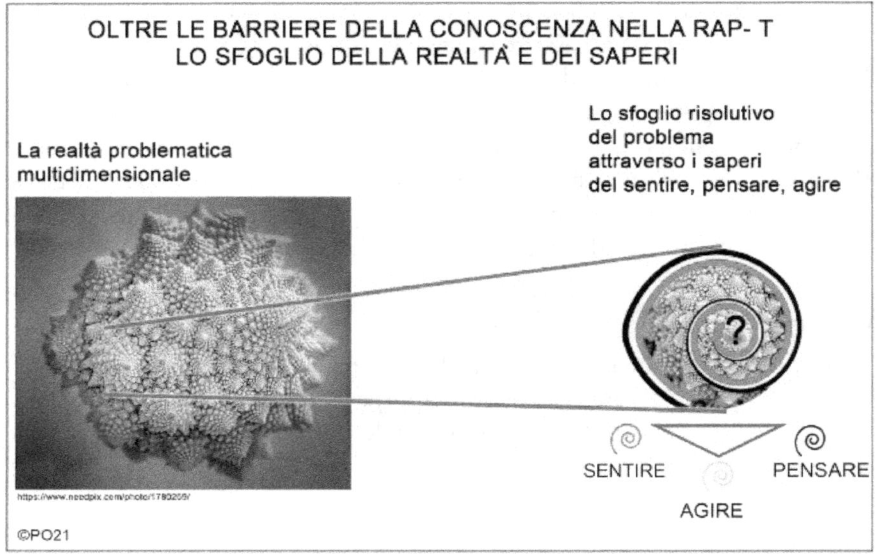

Seconda applicazione del Modello TD(10) dello sfoglio

II) Il livello della realtà educativa territoriale: lo sviluppo endogeno integrato delle *comunità locali educative*.

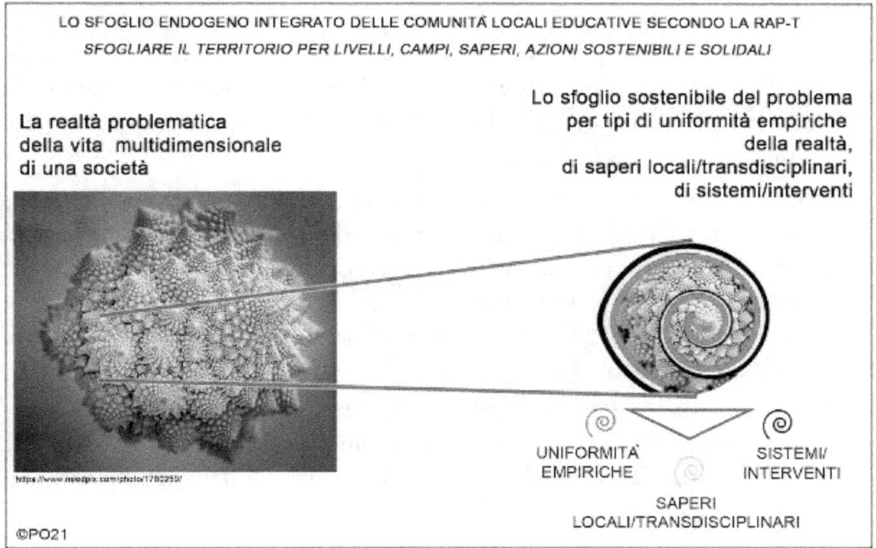

Terza applicazione del Modello TD(10) dello sfoglio

III) Il livello del *curricolo educativo transdisciplinare*.

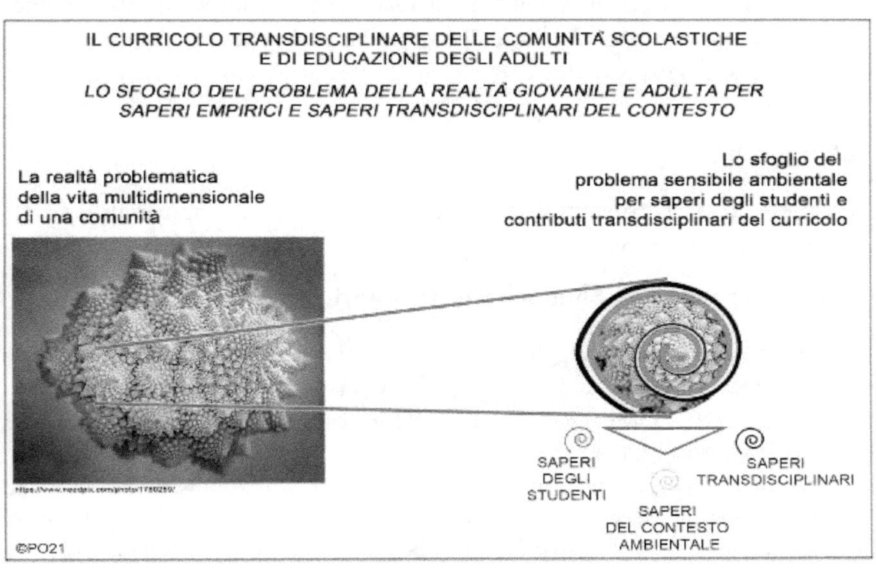

A conclusione di questo capitolo, possiamo riepilogare in che modo la RAP-T, lavorando per la moriniana *Unità Multipla* della conoscenza, alimenti la democrazia intelligente emancipata dei cittadini della Terra oltre le barriere delle violenze:

- inverte il focus gerarchico e segmentato della conoscenza e lo restituisce alla comunità umana del pianeta: riconosce, rispetta e valorizza la ricchezza di specie; in ogni donna/uomo è ricapitolato l'universo; ogni donna/uomo è figlia/figlio dell'universo;

- rivoluziona il focus di potere della conoscenza umana sul pianeta: riconosce la dignità e le fondamenta umane del potenziale dell'intelligenza giovane di ogni HS: l'alimentazione e l'arricchimento ricorsivo della conoscenza sono la via strategica per qualificare la vita umana, risolvere i problemi e garantire l'uguaglianza di relazioni con gli altri esseri umani, con gli esseri viventi e con il pianeta;

- supera le antinomie e i contrasti tra le diverse e molteplici forme di conoscenza: liberalizza i saperi, li porta all'intelligenza relazionale terrestre che accresce la qualità dei saperi umani nell'evoluzione delle intelligenze dei viventi della Terra;

- risolve le frammentazioni presenti nell'educazione formale, non formale e informale: le riporta all'unità del processo di formazione nell'antropizzazione sostenibile e solidale della convivenza planetaria;

- supera i limiti di qualità della democrazia rappresentativa: fonda la democrazia della vita secondo l'intelligenza relazionale che si pone oltre le barriere delle violenze.

Bibliografia

Visione / Storia / Epistemologia / Teoria / Strategia / Territorialità / Professionalità / Metodologia

I. Documentazione bibliografica degli autori

Si presenta una selezione aggiornata degli studi e delle ricerche pubblicate da Paolo Orefice; la selezione di Carlo Orefice è riassunta alla fine del Capitolo 4.

Paolo Orefice (1997), MOTER – Modello territoriale di programmazione educativa e didattica, Napoli, Italia: Liguori.

—, Participatory Research Methods in the Education of Adults: theoretical and methodological aspects, in Dale, M. Ed., (2000), *Towards the End of Teaching? Innovation in European Adult Learning*, NIACE, Leicester, GB: NIACE.

—, (2001). I domini conoscitivi. Origine, natura e sviluppo dei saperi dell'Homo Sapiens Roma, Italia: Carocci.

—, The Creation of Knowledge through Environmental Education, in Hautecoeur, J.P., Ed. (2002), *Ecological Education in Everyday Life*. Toronto, Canada: UNESCO Institute for Education-University of Toronto Press, (anche in francese, 2003), coedizione con il Ministère de l'Education du Québec, Québec.

—, (2003). La formazione di specie. Per la liberazione del potenziale di conoscenza del sentire e del pensare. Milano, Italia: Guerini.

—, (2006). La Ricerca Azione Partecipativa, Napoli, Italia: Liguori, Volumi 2.

—, (2007). Ciencia y desarrollo: hacia la ciencia planetaria para el desarrollo material y inmaterial de calidad: estructura y dinámica de los saberes locales y saberes globales, in *Educaçào e contemporaneidade*, Rivista da FAEEBA, Universidade do estado da Bahia-UNEB, Salvador de Bahía vol. 16 n. 28. (anche in spagnolo).

—, (2009). El Potencial formativo del desarrollo local en la sociedad planetaria. Del dualismo de los saberes del mundo visible - mundo invisible a la unidad compleja de los saberes de la realidad discontinua, in FU-Maya, *Manual de Investigación Maya*, Ciudad del Guatemala, Guatemala: FU-Maya (anche in portoghese, nella rivista FAEEBA della UNEB).

—, (2009). Pedagogia scientifica. Un approccio complesso al cambiamento formativo, Roma, Italia: Editori Riuniti-University Press.

—, (2011). Pedagogia Sociale. L'educazione tra saperi e società. Milano, Italia: Bruno Mondadori.

—, (2012). Educação, Movimentos Sociais e Desenvolvimento Local Sustentável (organizado con Nunes E. J. F., Dias Nascimento A). Salvador de Bahía, Brasil: EDUNEB.

—, (2014). Ciudadanía emancipada a través de la investigación acción participativa: en la búsqueda de nuevos paradigmas de desarrollo humano. Santiago, Chile/Firenze, Italia: Editorial de la Universidad de Santiago de Chile/Firenze University Press (eBook).

—, et Al. (2017). Le Professioni di Educatore, Pedagogista e Pedagogista ricercatore nel quadro europeo. Pisa, Italia: ETS.

—, (2019). UTC: il contributo al progetto dell'UTC, Cittadini di un pianeta intelligente: coltivare il pensiero relazionale per la cura della Casa Comune, in AA.VV, *Coltivare le intelligenze per la cura della casa comune - Scenari transdisciplinari e processi formativi di Cittadinanza terrestre*. Lecce-Rovato, Italia: Pensa Multimedia, pp. 9-13 e 21- 70.

—, (2019). UNESCO Chairs of Italian Universities and SDGS 2030: a strategic international relationship, Which human intelligence paradigm for SDGS: the epistemological breakdown of relational thinking, in AA. VV, Quality Education, Sustainable Communities, Human Rights, Firenze, Italia: Firenze University Press, pp. 9-15 e pp. 17-42.

—, (2020). Lo sviluppo delle discipline. Dall'indistinzione alla complessità, Firenze, Italia: Firenze University Press (eBook).

II. Documentazione bibliografica del Capitolo 1

Aurégan, P. (2004). Terre Humaine. Des Récits et des hommes. Un autre regard sur les sciences de l'homme. Paris: Nathan/HER.

Allen, C. y Bekoff, M. (1999). Species of Mind. The Philosophy and Biology of Cognitive Ethology. Cambridge, USA: MIT Press.

Baggot, J. (2015), Origins: The Scientific Story of Creation. Okford, England: Oxford University Press.

Bauman, Z. (2007), Liquid Times: Living in an Age of Uncertainty. Cambridge, U.K.: Polity Press.

Bernstein, R. J. (1983). Beyond Objectivism and Relativism: Science, Hermeneutics, and Praxis. Philadelphia, USA: University of Pennsylvania Press.

Blay, M. (2017), Critique de l'histoire des Sciences. Paris, France: CNR Éditions.

Bonaventura F. et Al. (2021). L'Universo su misura. Milano, Italia: Rizzoli.

Burtinsky, E., Baichval, J. y De Pencier, N. (2019). *Antropocene*. Canada, Toronto: AGO.

Chaisson, E. J. (2005). Chemical Evolution, enCosmic Evolution. Massachusetts, USA: Tufts University.

Corvi, R. (2023). Frontiere aperte. Verso un'epistemologia transdisciplinare. Brescia, Italia: Morcelliana. Scholé.

Crawford, K. (2021). Atlas of AI. Power, Politics, and the Planetary Costs of Artificial Intelligence. Haven and London: Yale University Press.

Christian, D. (2011). Maps of Time: An Introduction to Big History. New York, USA: University of California Press.

Calabi, C., et Al. (2015). Teorie della conoscenza. Il dibattito contemporaneo. Milano, Italia: Raffaello Cortina Editore.

Ceruti, M. y Bocchi G., editado por, (1985). La sfida della complessità, *Milano*, Italia: Feltrinelli.

Christian, D. (2018). Origin Story. A Big History of everything. New York, USA: Time Warner.

Damasio, A. (1999). The Feeling of What Happens. Body and Emotion in the Making of Consciousness. Boston, USA: Mariner Books. Looking*for*Spinoza. *Joy, Sorrow, and the. Feeling Brain.*

—, (2021). Feeling and Knowing: Making Minds Conscious, N.Y., USA: Pantheon Books.

Davies, K. (2020). Editing Humanity. New York, USA: Pegasus Books.

Diamond, J. (2013). El Mundo hasta ayer. ¿Qué podemos aprender de las sociedades tradicionales? Barcelona, España: DEBATE.

Journal of Participatory Research Methods University Circle 3(1). https://doi.org/10.35844/001c.32605

Giovannini, E. (2018). *L'Utopia sostenibile*. Bari, Italia, Laterza.

Griffin, D. (1992). Animal Minds. Chicago, USA: The University Chicago Press.

Haidar, J. (2011), La arquitectura del sentido. La producción y reproducción en las prácticas semiótico-discursivas. I-II. Madrid, España: Instituto Nacional de Antropologia e Historia.

Harari Y.N. (2015). Sapiens. Brief History of Humankind, N.Y., USA: Harper Kaku, M. (2014). The Future of Mind. New York, USA: Anchor Books.

Kaku, M. (2018). The Future of Humanity. New York, USA: Anchor Books.

Le Cunff, A-L, Logan, P. E. et Al. (02,2023). *Co-Design for Participatory Neurodiversity Research: Collaborating With a Community Advisory Board to Design a Research Study.* Journal of Participatory Research, Methods, 4(1). https://doi.org/10.35844/001c.66184

Duea, S. R., Zimmerman, E. B., Vaughn, L. M., Dias, S., & Harris, J. (2022). A Guide to Selecting Participatory Research Methods Based on Project and Partnership Goals. Cincinnati, USA.

Lumsden, C.J., Wilson, E., O. (1983). Promethean Fire. Reflections on the Origin of Mind. Cambridge, USA: Harvard University Press.

LeDoux, J. (1966). The Emotional Brain. The Mysterious Underpinning of Emotional Life. N.Y., USA: Simon & Schuster Paperbacks.

—, (2002). Synaptic Self. How Our Brains Become Who We Are. N.Y., USA: Viking Penguin.

Mainardi, D. (2015). *L'uomo e altri animali*. Milano, Italia: Cairo editore.

Mancuso, S. (2018). The Revolutionary Genius of Plants: A New Understanding of Plant Intelligence and Behavior. New York USA: Atria Books.

Maturana, H., Varela, F. (1984). El árbol del conocimiento. Las bases biológicas del entendimiento humano. Santiago del Chile, Chile: Editorial Universitaria S.A.

McKinsey & Company (2023). The state of AL in 2022- and a half decade in review. *https://www.mckinsey.com/capabilities/quantumblack/our-insights/the-state-of-ai-in-2022-and-a-half-decade-in-review*

McKinsey Global Institute. (2023). How our interconnected world is changing. https://www.mckinsey.com/mgi/our-research/how-our-interconnected-world-is-changing

Montalberti, K., Lisimberti, C. (2023). Ricerca e professionalità educativa. Risorse e strumenti. Lecce, Italia: Pensa Multimedia.

Morin, E. (1981). *El método, 1: La naturaleza de la naturaleza*. Madrid, Espana: Cátedra.

—, (2020), Cambiemos de vía. Lecciones de la pandemia. Barcelona, España: Editorial Planeta.

Nicolescu, B. (1996). *La transdisciplinarité. Manifeste*. Paris, France: Éditions du Rocher.

—,(2014). From Modernity to Cosmodernity. Science, Culture, and Spirituality. New York, USA: State University of New York Press.

Popper, K. (1969). Conjectures and Refutations. London, UK: Routledge and Kegan Paul.

Rovelli, C. (2020). Helgoland. Milano, Italia: Adelphi Edizioni.

Sheldrake, R. (2020). The Science Delusion. Feeling the Spirit of Inquiry. Philadelphia, USA: Coronet Books.

Silvestrelli, P. (2015). Sustainable development for territories. Threats and opportunities. Macerata, Italia: EUM.

Tibika, F. (2012). Molecular consciousness: Why the Universe is Aware of Our Presence. Rochester, USA: Park Street Press, Division of Inner Tradition International.

—, (2022). Tickets pour les quantiques. Agnières, France: SAS JMG éditions.

UN, (2022). *Report – 2022 SDG7 TAG Policy Briefs: Addressing Energy's Interlinkages with other SDGs*. NY, USA: UN. https://sdgs.un.org/publications/report-2022-sdg7-tag-policy-briefs-addressing- energys-interlinkages-other-sdgs-47727

—, (2023). *Sustainable Development Goal interactions through a climate lens: a global analysis* NY, USA: UN. https://sdgs.un.org/publications/sustainable-development-goal-interactions-through-climate-lens-global-analysis-50402

UNESCO, (2015). UNESCO Science Report, Towards 2030. Paris, France: UNESCO.

—, (2022). *Reimaginar juntos nuestros futuros: un nuevo contrato social para la educación. Paris, France: UNESCO.* https://unesdoc.unesco.org/ark:/48223/pf0000379381_spa

Ward, V., Stone, C., Parsons, S., Kovshoff, H., & Crump, B. (2022). Co-creation of research and design during a coding club with autistic students using multimodal participatory methods and analysis. *Frontiers in Education1*. Southampton, U.K.: Southampton Education School, University of Southampton. https://doi.org/10.3389/feduc.2022.864362

LIVELLI I-IV

Focus e Modelli transdisciplinari:
Visione / Storia / Epistemologia / Teoria

CAPITOLO 2

La visione della Medicina Mapuche

María Herminia Quiñelen Martínez
quimapress@hotmail.com

Sintesi

La cultura è la caratteristica naturale di ogni Popolo indigeno che occupa un territorio, mantiene la sua lingua, trasmette i suoi modi di vivere e il suo rapporto con l'ambiente e tra le persone. La trasmissione è, soprattutto, orale. Ciò spiega il concetto di sé, il tempo astronomico e la sua interrelazione con altre comunità umane. L'essenziale è la sopravvivenza attraverso la medesima storia del Popolo, attraverso il concetto di Salute-Malattia, Medicina-Agenti Medicinali. Ciò rende ogni nazione precolombiana trascendente, l'organizzazione valida e riconosciuta come diversa nella sua presentazione e nel suo pensiero. Migliaia di anni di prove, studi e risultati convalidano gli agenti medicinali delle Ande in "Abya Yala" (*terra di piena maturità*); in questo caso ai Lawentuchefe del popolo della nazione Mapuche, che secondo la concezione di Resistenza, Osservazione, Rinnovamento e Pertinenza, chiamata "Legge di Inarrumen", che viene praticata ogni ultima luna alla fine dell'anno, mantiene gli indigeni in buona forma di salute rimasta fino ad ora.

Da qui l'importanza delle mie parole.

Parole chiave

Wetripantu: tempo di rinnovamento, inizio di un nuovo ciclo. Anno Nuovo delle popolazioni indigene dell'Abya Yala precolombiana; America andina.

Che: è l'autocreazione di ogni persona nella comprensione della realtà a partire dai pensieri del proprio popolo, si riconosce per le sue caratteristiche nel parlare, nel vestire e nel relazionarsi con gli altri, si riconosce nella sua comunità di origine, ha esperienza.

Lof: comunità di origine, genitori e parenti; si condivide un territorio dal suo concetto originale. Sono concetti diversi dalla comprensione occidentale.

Ñuke: generosità al di là di ogni pregiudizio, si riferisce alla madre come alla terra nel suo contenimento di vita e morte, trasformazione e adattamento costante.

Lawentuchefe: agente medicinale nella cultura della nazione Mapuche. Conoscere la salute e la malattia, generare istruzione e assistere la famiglia della persona colpita. Ha un'altra competenza; in questo caso Ostetricia, Alimentazione, Calendario Lunare per orientare gli scopi quotidiani e sociali.

Kvpam: Eredità dei ruoli, educazione che si perfeziona attraverso le generazioni per tendenza e pratica fin dall'infanzia. Riceve un'istruzione iniziale dall'età di 8 anni. Corrisponde a un lignaggio familiare, con competenza in ciò che si fa.

Il mio nome occidentale è María Herminia Quiñelen Martínez.

La visione della Medicina Mapuche ha a che fare con l'educazione infantile nella nostra cultura.

Il Rakiduam Mapuche, o filosofia Mapuche, si basa sulla visione del mondo o cultura del popolo della nazione, che implica la conoscenza delle energie, del paesaggio stellare o cosmico, così come i tempi cosmici, solari e lunari, la preservazione verbale millenaria delle energie e la lettura del cielo; che ci fanno riconoscere un tempo solare, un tempo lunare, un tempo di tanti soli che ci aiutano a preservare la salute del corpo, del sapere, dei sentimenti e dello spirito.

La filosofia Mapuche parla delle leggi cosmiche del territorio, di come dovrebbe comportarsi l'Essere Umano o CHE. Il rapporto con la Madre Terra, o "mapuñuke", è quello che trattiamo con lo stesso sentimento con cui trattiamo una madre, che ci ha tenuto in grembo, ci nutre e con la quale condividiamo il territorio e la sua natura; considerare la terra una grande "ruka" che ci contiene; una casa, come il grembo di nostra madre, dove nulla ci è mancato e tutto va bene. Contenere la casa è un avvenimento importante, ha a che fare con il cibo, con il saper convivere con gli animali, le piante, le ruka naturali di tutti gli esseri viventi.

Conoscere i tempi come le stagioni e la pressione che la luna esercita ad esempio sui semi, sui germogli e sulla rigenerazione dei corpi o parti di essi che sono stati alterati.

Ngvlam Domo, significa Conoscenza Femminile, è la scuola rivolta alle donne per recuperare la cultura dell'essere donne.

Cos'è la Cultura? È la conoscenza che hanno tutti i popoli, ogni gruppo umano che ha tradizioni, che individua il modo di vestire e abitare la terra; conoscere i propri calendari e il territorio con i suoi ritmi; tutto ciò di cui è composta la terra. È un sapere che si trasmette attraverso il passaparola, alla famiglia e alla comunità, alla conoscenza delle nuove generazioni, alla cultura che differenzia ogni paese, al modo di intendere la salute e la malattia, per esempio. Come comprendere l'organizzazione e i ruoli.

Conoscere il femminile universale aiuta noi donne a capire che siamo fatte di due archetipi: uno maschile universale, che non avremo mai abbastanza tempo per conoscere, ogni ruolo vi viene introdotto secondo la sua intelligenza e facilità di comprensione e ne diventa esperto, difficile comprendere tutto perché è in continua evoluzione; e il tempo femminile, che è il nostro tempo per le donne, il tempo delle stelle femminili, delle colline femminili, dei fiumi femminili, della pianta nel suo stato di essere femminile, il tempo lunare o calendario; costituiscono la nostra cultura femminile, la cultura del ritrovarci come donne.

Nel frattempo, femminili, siamo solo un anello di questa catena che costituisce tutta l'esistenza. Gli incontri al femminile sono per il recupero del sapere femminile ancestrale, per la nuova gioventù occidentale che ricerca le proprie radici in questo territorio, dove il sapere femminile viene importato da altri territori, da altri modi di vestire. Tutte le donne, di tutto il pianeta Terra, hanno modi diversi di vestirsi, di mangiare, di relazionarsi con la nostra terra, con la nostra casa. Facendo conoscere qual è la nostra cultura ancestrale, evitiamo inutili disorientamenti, condividendo per evitare trasgressioni e applicando protocolli che ci aiutano a vivere bene.

Noi donne, insieme ai nostri figli, ci organizziamo spontaneamente per una buona convivenza in famiglia; sia con il complemento maschile, sia per comprendere i tempi solari maschili e anche i nostri tempi. Siamo assolutamente diversi e le differenze vengono insegnate presto, il che generalmente differenzia i nostri lavori e i nostri posizionamenti nelle attività per natura.

L'educazione dei popoli nativi, in questo caso i Mapuche, è molto ampia: siamo *wenteche* quando viviamo in montagna, *lafkenche* quando viviamo sulla costa, siamo *huilliche* quando viviamo nelle isole del sud e siamo *pikunche* quando viviamo il nord del nostro *wallmapu,* che in questo caso sarebbe il nord arido.

La cultura per noi inizia prima della nascita, la madre educa nel grembo materno cosa va mangiato e cosa va vissuto. Una donna incinta sa che non dovrebbe esplorare nuovi territori mentre è incinta, affrontare animali, districare la lana o qualsiasi cosa che possa influenzare lo sviluppo del suo bambino. Bisogna preferire cibi senza sale o zucchero per mantenere una buona salute. Così, il bambino verrà educato fin da prima della nascita, anche lui è preso in considerazione, la madre riceve un piatto in più che può portare o della frutta per il bambino e dopo la nascita l'educazione sarà più facile, perché è stato educato nella sua stessa terra chiamata placenta.

La cultura ancestrale delle donne per il buon vivere si trasmette di voce in voce, di generazione in generazione, e oggi la condividiamo con le donne occidentali di tutti i popoli: peruviane, argentine, cilene, boliviane, brasiliane, ecc. Poter condividere e recuperare la forza dell'essere donna nel proprio territorio: il territorio vegetale, il territorio animale e il territorio geografico. Conoscere la nostra terra ci rende responsabili di questa madre, che ci dona il cibo che deve essere sano. La donna è la creatrice della nostra universalità, la donna è una nazione indipendente dal maschile; parliamo in modo diverso, ci incontriamo in modo diverso, in modo circolare. Nessuna è di più, tutte abbiamo conoscenze da condividere. Le donne sono creatrici di comunità, di fraternità, di famiglia, del mondo femminile e delle loro tradizioni per una vita buona. Siamo le custodi dei semi del calendario lunare, della conoscenza delle medicine con piante ed erbe officinali. Siamo le tutrici di altre donne incinte. Siamo sorelle. Siamo portatrici di tante conoscenze, che devono essere trasmesse con grande sentimento.

Ogni volta che facciamo circolare la parola, condividiamo l'universo, la madre terra, tutto ciò che è intessuto. Da essa nasce tutto: i metalli, la lana, il vetro, tutto ciò che costruiamo per vivere. Quindi, le donne: con tutti i loro doni diversi, ognuna con le sue competenze, perché nel nostro popolo mapuche abbiamo 64 intelligenze, che ci rendono diversi, così diversi e complementari, da poter tessere una comunità dalle tante sfumature.

Negli incontri in *apon kvyen*, durante la luna piena, ci incontriamo come circoli di donne per condividere. Sono donne del settore in cui si svolge l'incontro e deve sempre essere presente una donna di qualche popolo indigeno, a cui presenteranno il loro modo di vivere nel loro territorio. I circoli femminili servono a recuperare o ricordare la conoscenza femminile, non sono emotivi, sono conoscenza, quindi tutte le emozioni rimandano ad un chiaro dialogo di sentimenti e valori, dove le donne imparano a vivere in coerenza; coerenza nel vestire, nella condivisione, nel vivere, nella responsabilità con Madre Natura. La cosa giusta è conoscere la quantità e i tempi che posso prendere da Madre

Natura. Considerare l'essere umano come un essere prezioso, un essere permanente grazie al sangue del padre che porta in grembo e sempre viene preso in considerazione il sangue attraverso la linea maschile.

L'essere umano è un essere che deve essere rispettoso prima ancora di saper leggere e scrivere, deve essere integrale, deve avere un'identità precoce per non commettere errori nel modo di relazionarsi con gli altri e con il loro ambiente, sia nell'apprendimento a scuola che nel lavoro. Tutti acquisiamo ruoli prima di andare a scuola, sono ruoli di tutore; custodi della natura, del buon vivere, della fraternità, della salute, dei saperi e delle discipline come l'arte. La disciplina non si impone, si educa, come chi prende una foglia e impara da quale albero viene, e impara a che ora lasciare andare quelle foglie. E mi faccio carico di una disciplina, che ripeto ancora e ancora fino a farla diventare un'arte, una competenza.

Nella pandemia ci siamo ritrovati con una quarantena che ci invita a osservarci, a sapere che abbiamo degli altri, perché non abbiamo avuto tempo, perché non ci siamo riuniti. Era cambiato il nostro rapporto con il nostro ambiente, ciò che lasciavamo nelle mani di altre autorità, ciò che corrisponde a noi stessi come abitanti dei nostri spazi vicini.

La comunicazione tecnologica ci è servita abbastanza, tutti i mezzi sono stati utili per vederci e osservarci a vicenda mentre parlavamo.

In tempi di quarantena, le madri hanno avuto una responsabilità molto grande, perché oltre ad essere responsabili delle loro madri, suocere, cognate e vicini di casa, siamo state più vicine attraverso la tecnologia e abbiamo dovuto stare collegate a distanza.

Questo ci fa capire che c'è un tempo nuovo, un tempo nuovo della speranza, della buona condivisione, dell'essere, sia in tempo di pandemia sia quando questa cessa di esistere. È un processo di cambiamento della civiltà, dove la conoscenza ancestrale è sempre più importante. Con la conoscenza ancestrale abbiamo superato tante pandemie, tante crisi, genocidi, guerre, tante morti.

Siamo portatrici di conoscenza. Le donne creano l'umanità, noi abbiamo l'umanità molto vicina al nostro corpo per i primi sette anni di vita, poi i figli vanno a scuola e hanno già una formazione. D'altra parte, il padre, per il bene della famiglia, lavora, è un fornitore, il suo sacrificio non deve essere un'assenza, la madre, la donna è una facilitatrice delle interrelazioni, e la buona vita delle donne la dobbiamo anche agli uomini: è un lavoro condiviso.

E siamo qui per condividere, perché sappiamo resistere. LEMORRIA KOMPUCHE! Saluti a tutta la gente!

CAPITOLO 3

Saperi tradizionali e scambio di saperi in Africa, visione del mondo: testimonianza delle culture indigene

Abdoulaye Konte

akonte01@gmail.com

Sintesi

È chiaro che l'Africa - pur essendo stata oggetto di eventi catastrofici negli ultimi secoli (schiavitù, colonizzazione, tratta degli schiavi, imperialismo, ecc.) - conservi ancora un impressionante patrimonio culturale tradizionale e immateriale, la cui conservazione e le cui modificazioni endogene sono opera di comunità tradizionali che vivono nello stesso ambiente da generazioni.

Il mio studio esplora queste connessioni, ripristinando il contributo delle conoscenze tradizionali delle culture indigene africane.

Parole chiave

Conoscenza tradizionale; Culture tradizionali; Conoscenza orale; Africa; Educazione informale.

1. *Prima parte.* Saperi tradizionali

Allo stato attuale delle conoscenze, il continente africano rimane la culla dell'umanità. La lunga evoluzione di quest'ultima nel corso dei secoli non ha annientato ciò che lo rende unico, attraverso le sue tradizioni.

È vero che il modernismo ha minato molte parti delle culture tradizionali in tutto il mondo, e l'Africa non è sfuggita a questo. Le vicissitudini della storia hanno sottoposto il continente nero a eventi catastrofici di ingenti proporzioni, che vanno dalla schiavitù alla colonizzazione, passando per la tratta degli schiavi e l'imperialismo.

Nonostante tutto questo, l'Africa conserva ancora un patrimonio culturale tradizionale e immateriale impressionante, che conferma che alla fine "la cultura è ciò che rimane all'uomo quando questo avrà perso tutto".

La conservazione delle culture è responsabilità delle comunità tradizionali che vivono nello stesso ambiente da generazioni.

I saperi tradizionali appartengono a diverse categorie socio-professionali: abbigliamento, danze, folclore, alimentazione, abitazione, relazioni sociali come matrimonio, funerali, organizzazione familiare, farmacopea, ecc. Riflettono il bisogno di coesione sociale che le comunità umane cercano di preservare e perpetuare.

Le diverse e molteplici consocenze tradizionali costituiscono l'essenza della loro vita, in quanto si trovano in tutte le loro strutture politiche, economiche, sociali e religiose. È un'eredità, somma totale delle credenze e delle pratiche ancestrali.

Sempre più spesso, le conoscenze tradizionali sembrano passare in secondo piano.

Eppure si tratta di un patrimonio che si riferisce alle conoscenze, alle abilità e al know-how accumulati nel corso delle generazioni, sperimentati e adottati nel corso dei millenni, che guidano le società umane, il più delle volte quelle indigene, nelle loro interazioni con l'ambiente circostante.

L'importanza di preservare i saperi tradizionali

I saperi tradizionali sono un patrimonio incommensurabile, in quanto trasmettono valori essenziali di comunione con la natura, per i singoli esseri umani e per l'umanità nel suo complesso.

Tutto questo patrimonio immateriale è quindi un fattore importante per il mantenimento della diversità culturale e naturale di fronte alla crescente globalizzazione, che è stata finora distruttiva. In questo mondo in rapida evoluzione, la conoscenza tradizionale ha il potenziale di offrire informazioni e insegnamenti che possono integrare la scienza convenzionale e le osservazioni ambientali, fornendo anche una comprensione olistica dell'ambiente, delle risorse naturali e della cultura, nonché delle relazioni reciproche tra questi elementi e gli esseri umani.

In altre parole, le conoscenze tradizionali possono essere fonte di innovazione, di miglioramento delle conoscenze scientifiche e tecnologiche attraverso contributi fruttuosi ai processi di osservazione, adattamento, mitigazione e innovazione.

La conservazione delle conoscenze tradizionali contribuisce a preservare l'ambiente, ma soprattutto i valori fondanti di qualsiasi società. Si trovano di fronte a sfide come la loro sopravvivenza: con la modernizzazione, la globalizzazione e gli attacchi all'ambiente.

Sempre più spesso, i detentori della conoscenza sono anche visti come persone superate che non hanno più il controllo dell'evoluzione del mondo.

Tuttavia, quando ci si trova di fronte a un'impasse, sia a livello individuale che collettivo, un ritorno a questa eredità può essere la soluzione ai problemi di salute, stabilità, armonia e così via.

Per l'educazione dei giovani e degli adulti

Con la perdita di valori che si osserva ovunque, che sta minando la pace sociale, la sicurezza individuale e collettiva e compromettendo il futuro dei giovani che sono inclini alla delinquenza, al banditismo, all'alcol e alle droghe, il "Leul" o circoncisione, per esempio, viene rivisitato e resuscitato in Senegal. Il "Leul" è una fase cruciale nella vita di un bambino. Questo rito, che è stato abbandonato da molti genitori per i loro figli, si è rivelato una pratica che fornisce valori che attualmente mancano a molti giovani. Ha lo scopo di perpetuare la tradizione e di instillare nei giovani la conoscenza e la capacità di affrontare le difficoltà della vita.

In passato, il "leul" o iniziazione permetteva ai genitori di apportare le modifiche necessarie al futuro dei figli. Approfittavano dell'opportunità di indirizzarli verso valori positivi, per evitare la volgarità. Alla fine del "leul", ad alcuni bambini non era permesso di dire determinate parole. Ne escono con la consapevolezza di distinguere tra bene e male e di 'prendere le distanze' dalla depravazione della morale, un fenomeno che sta prendendo piede nella società.

Durante il periodo di iniziazione, un gran numero di giovani - 15, 20, 30 o anche di più - vanno in ritiro, lontano dalle loro case, per 10-15 giorni. Sono sempre accompagnati da saggi che li guidano e insegnano loro valori che sembrano essersi persi al giorno d'oggi, come 'diom' (coraggio), 'kersa' (moderazione) e 'ngor' (dignità).

Le virtù di questa cerimonia di iniziazione sono quindi inesauribili, in quanto aiutano a preparare meglio i giovani moralmente e psicologicamente ad affrontare un mondo sempre più complesso, dove rischiano di perdere in qualsiasi momento i punti di riferimento.

Per le relazioni con l'ambiente naturale

Gli ambienti naturali (foreste, montagne, laghi, isole, fiumi e mare) hanno sempre affascinato l'umanità e sono stati sacralizzati attraverso un sistema di credenze e rituali.

Per i popoli del mare, l'immaginazione spaziale legata all'immensità del mare riproduce le relazioni tra esseri naturali e soprannaturali.

Per queste persone, il mare riflette gli umori degli spiriti. Pertanto, la scarsità di pesce, i disastri naturali e la scomparsa dei pescatori non sono conseguenze di fenomeni naturali o causati dall'uomo (negligenza umana), ma derivano da un'offesa allo spirito protettore, da qui i rituali per compiacere questo 'altro più potente' prima di avventurarsi in mare.

A tal fine, i pescatori utilizzano vari metodi mistici (libagioni, amuleti, formule magiche) per attirare la benevolenza degli spiriti.

Per la comunità Lebou, il mare e i suoi abitanti sono protetti dagli spiriti dell'acqua, rappresentati da animali o persone. Questi spiriti accettano la convivenza, proteggendoli e garantendo loro l'usufrutto della terra e del mare. In cambio, gli esseri umani devono costruire luoghi di culto per loro e fare offerte regolari.

Questo patto impegna l'intera discendenza dell'antenato e non può essere infranto in nessun caso. La rottura di questo tacito accordo può avere conseguenze dannose per l'uomo e per l'ambiente, motivo per cui è importante rispettare la natura e gli ecosistemi.

Per l'organizzazione socio-politica

Ad esempio, nella repubblica tradizionale dei 'Lebou', il popolo del mare in Senegal, le funzioni politiche e sociali sono distribuite a diversi lignaggi e poi trasmesse per via ereditaria. Le donne non partecipano alla vita politica, ma sono le custodi del culto religioso.

Carta di Kouroukan Fouga

In un altro registrio, nel momento in cui la pace è minacciata un pò ovunque, ad esempio in Africa a sud del Sahara, dal fondamentalismo religioso, dai conflitti etnici e dalla mancanza di democrazia, la CARTA DI KOUROUKAN FOUGA, redatta nel 1239, dovrebbe essere di ispirazione per molti. Infatti, i rappresentanti dei Mandé primitivi (Mali) e i loro alleati, riuniti quasi mille anni fa a Kouroukan Fougan dopo la storica battaglia di Kirina, adottarono la seguente Carta per regolare la vita della grande comunità Mandingo. Il Re Naré Maghan Soundiata è stato accompagnato sul podio da 4 Capi Tribù e sono state adottate le seguenti risoluzioni.

L'organizzazione sociale

La Società del Grande Mandé è divisa in Gruppi con un'attività e un ruolo specifici, con l'obbligo di dire la verità ai capi, di essere i loro consiglieri e di difendere, con le loro parole, le regole e l'ordine stabiliti in tutto il regno.

I gruppi di età sono composti da persone (maschi o femmine) nate entro un periodo di tre anni consecutivi. Giovani e anziani devono essere invitati a partecipare alle principali decisioni che riguardano la società.

L'ordine sociale garantisce a tutti il diritto alla vita e alla conservazione della propria integrità fisica. Di conseguenza, qualsiasi tentativo di togliere la vita a qualcuno è punibile con la morte.

Per vincere la battaglia per la prosperità, fu introdotta una forma di sorveglianza per combattere la pigrizia e l'ozio.

Tra i gruppi etnici viene istituita una parentela scherzosa per garantire che le differenze che sorgono tra questi gruppi non degenerino, essendo il rispetto per gli altri la regola. Tra cognati e cognate, tra nonni e nipoti, il principio deve essere quello della tolleranza e dell'ironia:

-Non offendere mai le donne.

-L'educazione dei bambini è una responsabilità della società nel suo complesso.

-L'autorità paterna appartiene quindi a tutti.

-Quando tua moglie o tuo figlio scappano, non li inseguire fino alla casa del vicino.

-Non offendere mai o non mettere le mani su una donna sposata prima di aver chiesto l'intervento del marito.

-Le donne, oltre alle loro occupazioni quotidiane, devono essere coinvolte in tutti i nostri governi.

-Le bugie che sono durate per 40 anni devono essere considerate come verità;

-Rispettiamo il diritto di primogenitura.

-La vanità è il segno della debolezza e l'umiltà il segno della grandezza.

-Non tradite mai l'altro. Mantenete la vostra parola d'onore.

-Non fare mai del male agli estranei.

-I giovani uomini possono sposarsi a partire dai 20 anni.

-Aiutiamo chi ne ha bisogno.

L'acquisizione dei beni

Esistono cinque modi per acquisire la proprietà: acquisto, dono, scambio, lavoro ed eredità. Qualsiasi altra forma senza prove conclusive è equivoca.

Qualsiasi oggetto trovato senza proprietà nota diventa proprietà comune solo dopo 4 anni.

Il quarto parto di una giovenca è di proprietà del detentore.

Un bovino deve essere scambiato con quattro pecore o quattro capre.

Un uovo su quattro è di proprietà del custode della gallina ovaiola.

Soddisfare la propria fame non è un furto se non si porta nulla in borsa o in tasca.

Conservazione della natura

Viene nominato un Capo Cacciatore. Egli ha la responsabilità di preservare la boscaglia e i suoi abitanti per il bene di tutti. Prima di appiccare il fuoco alla boscaglia, non guardare a terra, ma alza la testa verso le cime degli alberi.

Gli animali domestici devono essere legati durante la coltivazione e rilasciati dopo il raccolto. Cani, gatti, anatre e pollame non sono soggetti a questa misura.

Disposizioni finali

Si riferiscono a:

-rispetto dei parenti, del matrimonio e dei vicini;

-nelle grandi assemblee, accontentatevi dei vostri legittimi rappresentanti e tolleratevi a vicenda.

L'invocazione di questa Carta è un invito a tornare all'eredità tradizionale di ciascun popolo, al fine di costruire società in armonia con loro stesse.

Questo prerequisito è essenziale se vogliamo costruire un mondo migliore, dove il dialogo tra le culture porterà sicuramente alla civiltà dell'Universale.

Essa incarna i valori di pace, comprensione e concordia.

La sua accettazione da parte del popolo sovrano del Mandé è una perfetta illustrazione della sua maturità e del suo desiderio di costruire una società democratica.

Attraverso le varie disposizioni, emerge un insieme di valori africani ispiratori di fronte alla necessità di rinnovare l'umanesimo della razza umana.

Per il benessere mentale

Per quanto riguarda il benessere mentale, tra i 'Lebou', la malattia (in qualsiasi forma) viene interpretata come un attacco del genio. Per affrontare questo squilibrio mentale e fisico, un'operazione magico-religiosa e culturale è costantemente inscritta nel tempo e nello spazio per garantire la serenità dell'individuo e del gruppo.

Questo rito viene eseguito da e per la comunità quando uno dei suoi membri manifesta disturbi psichici e comportamentali attribuiti al soprannaturale. L'obiettivo è identificare il genio, domarlo e correggerlo. La terapia consiste nel compiacere il genio e nell'integrare l'individuo nel suo ambiente.

Tuttavia, affinché la guarigione sia efficace, sono necessari diversi giorni di cerimonie, al ritmo di tamburi e canti con strumenti, campane e zucche.

Le guaritrici e le officianti danzano in gruppo o individualmente con eccezionale rigore davanti ai tamburi in onore del genio.

La danza appare quindi come un atto di adorazione e propiziazione, e i geni apprezzano il rigore e la sincerità dei gesti. Le diverse forme di trance (strisciare come un serpente, fumare sigarette, indossare un berretto, pregare, ecc.) si riferiscono alle identità dei geni, che possono essere animali o esseri umani.

Una volta recuperati i sensi, la persona può rimanere tra il pubblico o andare a casa, ma cadrà in trance:

—*fisica*: la farmacopea tradizionale è molto presente nelle società africane, attraverso i suoi usi;
—esterna: questa è la più comunemente usata e prevede lo sfregamento, la fumigazione o l'applicazione del farmaco attraverso l'epidermide;

– interna: i farmaci vengono generalmente somministrati per via orale. Consiste nel far assumere al paziente farmaci semplici o composti, preparati in modi diversi. Una forma più originale di somministrazione orale è l'uso di gemme di piante medicinali o di frazioni particolari di organi e tessuti embrionali.

Conclusioni

Questo insieme di saperi, che costituisce un patrimonio importante, merita un riconoscimento e persino un'attenzione particolare per la sua fragilità, ma anche per lo straordinario potenziale di sviluppo che rappresenta.

Questi saperi si trovano di fronte all'assillante questione di come preservarli, il che comporterà una maggiore consapevolezza del valore dei sistemi di conoscenza tradizionali e la promozione del loro rispetto.

I saperi tradizionali fanno parte dell'identità di un Paese o di un popolo, la loro perpetuazione aiuta a preservare i valori e la loro protezione assicura un futuro migliore ai suoi detentori.

È urgente lavorare per promuovere l'uso delle conoscenze tradizionali come parte di un approccio allo sviluppo che dia priorità alle iniziative dal basso verso l'alto.

La protezione e la diffusione delle conoscenze tradizionali in tutti i continenti, e gli scambi reciproci tra i popoli del mondo, possono portare a un dialogo tra le culture, un passo essenziale sulla strada della civiltà universale.

L'interconnessione del mondo ha accelerato la globalizzazione, che ha trasformato la Terra in un villaggio globale con un problema di civiltà.

2. Parte seconda. Scambi reciproci di saperi

> *Tutti sono portatori di conoscenza e di ignoranza.*
> *Tutti sono in grado di imparare e di trasmettere la conoscenza.*

Lo scambio di saperi ci permette di muoverci verso la costruzione collettiva, verso il "successo insieme".

Un approccio umanizzante in cui saperi, saper fare, saper essere, saper vivere insieme vengono appresi insieme.

Reti di scambi di saperi

In ogni caso, cinquant'anni fa in Francia, a Orly per la precisione, su iniziativa di Claire Héber Suffrin (Suffrin, 2011), è nato un approccio educativo innovativo e rivoluzionario: lo scambio reciproco di saperi.

Il suo "approccio di apprendimento entusiasmante" rimane la chiave del suo successo, tanto da essere riconosciuto e implementato in tutto il mondo.

Lo scambio si basa sulla fiducia, sulla generosità, sull'integrità, sulla condivisione e sul rispetto per gli altri.

Nel processo, è imperativo considerare "gli altri come miei pari, conoscerli e riconoscerli come portatori di conoscenza e ignoranza, proprio come qualsiasi altra persona".

Incoraggia le persone a vivere insieme, permette ai talenti di fiorire, all'autostima di svilupparsi e alla realizzazione personale di diffondersi.

La pedagogia delle reti di scambio di saperi:

– crea le condizioni di un'educazione tra pari.
– conferisce il potere di agire insieme in tutte le aree di interesse del gruppo.
– dà il potere di costruire insieme la conoscenza di cui il gruppo ha bisogno per vivere, per vivere bene insieme.

L'esperienza delle pratiche di scambio di saperi rivela:

– che il dare dà felicità a coloro che condividono.
– che aiutare a educare gli altri è un'opportunità per continuare a rivedere, mettere in discussione e consolidare i propri saperi.
– che "accompagnare ed essere accompagnati per imparare" permette di mettere in discussione questi due ruoli e di viverli in modo più equo.

L'albero delle conversazioni

In molte società africane, l' "arbre à palabres" è il luogo per eccellenza per le discussioni su tutte le questioni di interesse generale.

Lo scambio reciproco di saperi ha il merito di dare a ognuno e a tutti il potere di trasmettere, mettere in pratica e promuovere i valori condivisi.

In una società con una forte tradizione orale, lo scambio di conoscenze ha aiutato e continua ad aiutare a preservare il patrimonio immateriale.

Secondo Amadou Hampathé Ba, scrittore, filosofo e antropologo maliano,

"In Africa, un Baobab morente è una biblioteca in fiamme".

In molti villaggi africani, l'eredità ancestrale viene tramandata e i conflitti di ogni tipo vengono risolti sotto l'*arbre à palabres*, sotto l'egida dei saggi.

Conclusione: il modo migliore per proteggere e sviluppare il sapere è scambiarlo in reciprocità.

Bibliografia

Héber-Suffrin, C. (2011). Les Réseaux d'échanges réciproques de savoirs: Une véritable démarche formatrice. *Empan*, 81, 36-42. https://doi.org/10.3917/empa.081.0036

Essere transdisciplinare: la relazione tra Pedagogia, Medicina e Scienze della vita

Carlo Orefice
carlo.orefice@unisi.it

Josep-Eladi Baños
josepeladi.banos@uvic.cat

Sintesi

Nel XX secolo la ricerca scientifica ha permesso di realizzare progressi scientifici e tecnologici senza precedenti nell'evoluzione della storia umana. Tuttavia, allo stesso tempo, ha contribuito a far sì che alcune discipline approfondissero conoscenze sempre più specialistiche, favorendo un pensiero frammentato e frammentario che, nel caso della medicina, ha privilegiato la malattia e non il soggetto malato come oggetto di osservazione. Il caso delle Scienze della vita, un insieme di discipline scientifiche che studiano organismi e microrganismi, dimostra invece come sia possibile una "contaminazione" disciplinare per comprendere in profondità i diversi meccanismi della vita e le loro implicazioni sociali ed etiche, andando oltre una comprensione frammentaria della realtà. La conoscenza derivante da questa contaminazione è strettamente connessa agli obiettivi della formazione in campo medico e delinea una nuova prospettiva epistemologica di integrazione dei saperi per la salute.

Parole chiave

Medicina; Pedagogia; Scienze della vita; Transdisciplinarità; Pensiero complesso.

Introduzione

In questi primi due decenni del ventunesimo secolo stiamo assistendo a una profusione di progetti che riuniscono scienziati sociali e della vita per studiare e raccomandare soluzioni per un'ampia gamma di problemi legati alla salute. Tale processo è solitamente chiamato ricerca multidisciplinare o interdisciplinare, e possiamo dire nasca dalla necessità di comprendere e fronteggiare la complessità moderna e l'immensità di informazioni e problemi a cui siamo esposti continuamente in ambito sanitario. Nonostante tali sforzi, però, sembra che non siamo riusciti ancora a rispondere adeguatamente a tali sfide, andando *"oltre"* un'esperienza che ci vede costretti in un universo sempre più dominato dal meccanicismo e limitato da visioni parcellizzate e riduttive della realtà (Nicolescu, 2002).

Questo convincimento, che vede la scienza sempre più divisa in specializzazioni disciplinari e ancora dominata da un travolgente progresso tecnologico, risulta particolarmente evidente nel campo bio-medico (Martins, 2019), dove il processo di creazione di discipline ha condotto ad una progressiva frammentazione del processo di cura e della stessa ricerca scientifica. Se ci limitiamo ai contesti universitari, è possibile argomentare che sul piano formativo ciascun professionista viene spesso educato ad agire in una sorta di isolamento culturale e decisionale, fondato su linguaggi e modelli interpretativi che appaiono sovente incomprensibili agli altri professionisti del processo di cura, ai pazienti ed ai loro familiari. Questa frammentazione del sapere si riflette, ad esempio, sull'integrazione con i medici ospedalieri e gli specialisti con i quali spesso si istaura una relazione basata su una burocratica trasmissione di prescrizioni; inoltre, l'emergere di diverse figure professionali - ciascuna con un proprio statuto formativo ed epistemologico separato - acuisce la mancanza di integrazione tra ambiti professionali diversi, alimentando conflitti patenti o latenti tra i diversi professionisti. Analogamente, i pazienti stessi e le loro famiglie sono frastornati da informazioni contraddittorie che non facilitano il processo diagnostico/terapeutico, mentre l'incomunicabilità rende difficoltoso o addirittura impossibile il trasferimento efficiente e tempestivo delle acquisizioni dalla ricerca scientifica alla pratica clinica.

A partire da questo quadro sommariamente riassunto, la formazione di team multidisciplinari non sembra risolvere il problema di fondo, in quanto questi si traducono spesso in una sorta di consulenza reciproca tra esperti che lascia inalterate le singole competenze specialistiche, oltre ad essere spesso irrealizzabile per mancanza di tempo, strutture e risorse. In definitiva, ciascun protagonista diretto o indiretto del processo diagnostico-terapeutico si trova ancora rinchiuso nel proprio sapere e nelle proprie prassi nell'impossibilità di attraversare i confini, spesso artificiali, tra le diverse discipline; analogamente, difficile appare la conquista di una visione chiara della molteplicità e della complessità dei problemi reali.

Se l'obiettivo è dunque provare a generare inaspettate soluzioni creative e nuove possibilità interpretative (Morin, 1993; Nicolescu et al., 2019), la transdisciplinarità - come insieme di metodologie e schemi di pensiero che superano, inglobandoli in una prospettiva più generale, i limiti della multi-disciplinarità e della interdisciplinarità - può contribuire allo sviluppo di uno spirito problematizzatore e, quindi, al progresso della conoscenza: non dunque una nuova disciplina o super-disciplina in ambito medico, ma a nostro avviso una diversa, e più complessa, prospettiva epistemologica di integrazione dei saperi per la salute (Baños, 2019; Martins, 2019; Orefice, 2020). Nell'approfondire, dunque, i possibili rapporti tra transdisciplinarità e medicina, una prima domanda sulla quale focalizzare l'attenzione riguarda la cura: cosa è? come la definiamo? chi è deputato a parlarne? (Paragrafo 1). A nostro avviso esplorare questo nesso significa da un lato interrogarsi sulla gerarchizzazione dei saperi e sulla loro distribuzione sociale, soprattutto in ambito bio-medico (Paragrafo 2); dall'altro riflettere sul modo attraverso cui elaboriamo e trasmettiamo, soprattutto in ambito universitario, le conoscenze attraverso sistemi di insegnamento basati ancora sulla separazione dei singoli contenuti e sulla divaricazione crescente tra sapere scientifico e sapere comune (Paragrafo 3). Il moltiplicarsi delle scienze dell'uomo, infatti, se da un lato ha permesso nel secolo passato di raggiungere progressi scientifici e tecnologici senza precedenti nell'evoluzione della storia umana, dall'altro ha spinto alcune discipline ad entrare sempre più nello specifico, favorendo un pensiero frammentato e frammentante che, nel caso della medicina, ha reso oggetto di cura non tanto l'individuo malato, ma la sua malattia (Damasio, 1995; Good, 2014).

Il caso delle Scienze della vita, tuttavia, un insieme di discipline scientifiche che studiano organismi e microrganismi, dimostra come sia possibile una "contaminazione" disciplinare per comprendere in profondità i diversi meccanismi della vita e le loro implicazioni sociali ed etiche che vanno oltre una visione frammentaria della realtà (Paragrafo 4). Le conoscenze derivate da questa fecondazione incrociata sono rilevantemente connesse agli obiettivi della formazione in campo medico (Orefice, Baños, 2023).

Ma c'è un ulteriore aspetto da evidenziare, che potrebbe costituire un campo di analisi privilegiato per il paradigma transdisciplinare rispetto ai temi trattati. Individuare i fondamenti epistemologici e gli orientamenti teorici che sostengono la cura, significa tentare una ricomposizione disciplinare (qui solo abbozzata) dove la medicina e la pedagogia dialogano tra loro: non tanto per ragioni di convenienza (chi scrive appartiene a tali ambiti disciplinari ed è impegnato da anni a far dialogare questi due campi interpretativi), ma di necessità. La medicina, infatti, si occupa *di* cura, e la cura istruisce la struttura stessa della relazione educativa, per cui è possibile delineare un incontro epistemologico (anche rivolto all'azione pratica) tra queste due discipline che può portarci a meglio comprendere i problemi relativi alla salute e alla cura che stanno attraversando questo nuovo secolo (Conclusioni). L'obiettivo, sempre più auspicabile, è delineare una nuova prospettiva epistemologica di integrazione dei saperi per la salute[1].

1. Cura e pedagogia: un approccio complesso

Non appare azzardato ritenere che il recente dibattito internazionale sulla transdisciplinarità (Fam, Neuhaser, Gibbs, 2018; Martins, 2019; Nicolescu, Yeh, Ertas, 2019) stia aprendo una nuova fase di riflessione e di realizzazioni attorno al tema della cura che, nelle sue argomentazioni, non risulta certo nuovo. Tale dibattito, nel chiamare in causa diverse discipline, dimostra come la cura sia al centro di molteplici saperi e pratiche, venendo teorizzata in forme diverse: la cura c'è in medicina, in psichiatria, nella sociologia dei gruppi, in psicoterapia, etc. Ognuno di questi saperi *presidia* la cura, vi ha costruito intorno una letteratura critica ampia ed articolata, ha prodotto sottili analisi concettuali.

Alla luce di tali riflessioni, da più parti si è sottolineata la necessità di promuovere un "pensiero di cura", ovvero sistemi di vita e di educazione in grado di preparare gli individui a "prendersi cura" di se stessi, degli altri e dell'ambiente che li ospita; si è riconosciuto che le differenze non devono diventare dissimmetrie, in modo che l'altro non appaia straniero e nemico; si è difeso il principio che la fragilità è una delle radici ontologiche delle nostre vite e non il segno di qualcosa di immaturo, inconsistente e destituito di senso.

---

1   Le riflessioni che sostengono il presente saggio devono essere intese come il contributo di chi da anni è impegnato nel cercare di aprire spazi inediti di riflessione nei quali la cura, nei suoi plurimi significati, possa generare saperi collettivi più includenti e creativi. Da questa angolatura, la scelta di "ridurre" la molteplicità dei punti di vista e delle rispettive logiche disciplinari entro la Medicina e la Pedagogia non deve apparire come limitante ma è una scelta motivata da ragioni che questo saggio introduce.

   In termini di chiarezza, va inoltre evidenziato che i temi e problemi sinteticamente esposti in questo contributo hanno avuto un loro momento di sintesi e discussione all'interno del *III° Congresso Mondiale sulla Transdisciplinarità virtuale* (3CMTv), evento che si è tenuto on-line da ottobre 2020 a ottobre 2021 e al quale gli Autori hanno partecipato come "membri aggiunti" di Cattedra UNESCO.

Nonostante tali impegni, a ben guardare però, i risultati non appaiono essere quelli sperati: quella della cura resta una immagine sospesa, subordinata a volte ad una accezione ingenua ed aproblematica (l'amore, l'impulso verso l'altro, la riconoscenza, l'istinto), mentre lo stesso discorso pedagogico, nel delineare il proprio stemma costitutivo, per teorizzarsi ha consegnato il discorso sulla cura ad altre discipline, escludendo così il proprio specifico e il proprio valore (Orefice, 2020). Infine, le risposte scientifiche settoriali prodotte dalle diverse discipline, per quanto significative, sembra non abbiano offerto soluzioni ai guasti economici, sociali e culturali delle nostre società tecnologicamente avanzate (Kleinman, 1997).

Per approcciarsi quindi ad un concetto di cura in ottica transdisciplinare, più dialettico e più polimorfo, gli ostacoli e le difficoltà da superare appaiono essere vecchi e nuovi. Tra questi, vanno menzionati l'abitudine del ricercatore a pensare in termini di difesa dell'autonomia della propria disciplina attraverso una "epistemologia unica", ovvero ad operare nel "suo campo" disciplinare stabilito attraverso un proprio quadro concettuale; l'attuale sistema di lavoro professionale fondato sulla specializzazione, che conferisce a chi lo esercita uno spazio incontrastato di potere sugli altri; la mentalità stessa dei professionisti, che a volte considerano le diverse materie come compartimenti separati del sapere; infine, la struttura delle istituzioni educative e della strumentazione pedagogica che, dalle prime esperienze scolastiche fino all'istruzione superiore, appare in ambito medico ancora costruita sul modello delle conoscenze separate.

A nostro avviso, riconoscere tali limiti appare come il primo passo per proporre tesi epistemologiche e teorie innovative per i problemi che l'attualità ci pone, soprattutto in ambito di promozione della salute e strategie di cura. Le varie definizioni fornite nel corso dei decenni, infatti, al di là delle diverse attribuzioni che vedono una graduatoria di merito in rapporto alla maggiore o minore collaborazione disciplinare o ai *tipi* di discipline, sembrano ancora spingere verso soluzioni dove la frammentazione del sapere in discipline chiuse in sé stesse appare incapace di affrontare i tanti nodi problematici e globali che la realtà ci pone. Per quanto riguarda la cura, questo vuol dire proseguire e sostenere una riflessione critica sui suoi contenuti, metodi e sulle attuali istituzioni e professionisti che la declinano, andando oltre le parzialità disciplinari.

Per impostare un discorso sulla cura funzionale agli obiettivi di questo contributo, la prima domanda a cui bisogna rispondere è la seguente: *"cosa si intende per cura educativa"*?, dove per poter pervenire alla definizione completa dell'espressione sarà necessario precisare sia il sostantivo (*cura*) che l'aggettivo (*educativa*) indicato. Abbiamo anticipato come, a partire da specifici contesti professionali, la cura assuma molteplici significati, e come questi siano declinabili rispetto alle diverse figure chiamate in causa: un medico cura, così come anche uno psicologo o un educatore curano, e analogo discorso si potrebbe fare per un architetto. Esiste dunque una radice, un concetto fondante della cura a partire dal quale questa poi, seguendo i diversi ruoli professionali, si declina secondo modalità differenti nella sua spendibilità pratica?

Non apriremo ora il discorso, vastissimo, sul termine cura già altrove trattato (Baños et al., 2019; Orefice, 2020; Orefice e Baños, 2023), che rimanda etimologicamente al concetto latino di "amministrare", "farsi carico di qualcosa" (da cui deriva il modo *sine cura*), "terapia", "trattamento" o anche "guarigione", ma alcune indicazioni sono necessarie. Se ci soffermiamo su quello che viene considerato l'ambito privilegiato della cura, possiamo notare come la stessa pratica medica, così come quella infermieristica, riveli, almeno nella sua espressione originaria, una forte valenza della "presa in carico" nei processi di cura.

Questa modalità della cura è altrettanto evidente nella riabilitazione, che spesso si configura come un percorso in cui si vanno a ricostruire e/o a favorire delle abilità dell'individuo che lo mettono in grado di sviluppare un livello maggiore di benessere possibile rispetto alle condizioni date. Già da queste primissime battute possiamo vedere come in alcuni ambiti in cui la cura si esprime (medico, assistenziale e riabilitativo, naturalmente attraverso competenze e responsabilità diverse), questa non si configuri mai soltanto come "guarigione" (intesa come *sanatio*), ma soprattutto come presa in carico di un individuo (in questo caso il paziente) finalizzata a un cambiamento, portando il soggetto a costruire una progettualità nuova.

2. Il contributo dei saperi disciplinari nel definire le componenti della cura

Il dibattito sul concetto di cura riportato per linee generali evidenzia una diversità di posizioni, tra loro a volte anche discordanti. Un fatto però va sottolineato, ai fini del discorso che qui si è intrapreso: tali posizioni, pur nella loro eterogeneità, appaiono sempre più valide nel momento in cui riescono a confrontarsi e a dialogare su riflessioni che inglobano il concetto di cura al più vasto campo delle scienze umane e ambientali e, non solo, a quello delle scienze biologiche (Martins, 2019; Orefice, 2023).

Prima di vedere come la medicina e la pedagogia (per quel che interessa in questo saggio) hanno tematizzato la categoria della cura, è opportuno chiarificare in cosa consiste quel processo, dinamico e per niente lineare, che ha permesso storicamente la nascita delle *discipline*. Questi corpi organici di conoscenze, sostenuti dai loro studiosi e dai loro utilizzatori nei mestieri e nelle professioni, si sono evoluti nel tempo insieme alle società e alle culture, ne hanno assecondato o limitato lo sviluppo, definendo, conservando e perfezionando pratiche utili a far fronte alle diverse problematiche dell'esistenza (Kuhn, 2009; Popper, 1970). Se partiamo dunque da queste considerazioni, non di poco conto, prima di parlare di discipline appare utile verificare come queste si sono andate definendo, in modo di disporre di un quadro d'insieme - anche se introduttivo e dunque da approfondire successivamente - per orientarsi nell'impostare e nell'analizzare la problematica di fondo cui questo saggio sottende.

Il primo elemento da cui partire è la considerazione che il conoscere, per gli individui, vuol dire modellizzare la lettura della realtà: partendo da questa noi regoliamo le nostre azioni e possiamo cambiare la stessa realtà circostante. Il conoscere quindi, in quanto operazione modellizzante, si muove su diversi piani: quello del sapere, dell'agire e del modificare. Ogni individuo, all'interno del proprio processo autopoietico di distinzione (Remotti, 2002), elabora contenuti conoscitivi per interpretare il mondo di cui fa esperienza, per muoversi in esso e per piegarlo alle sue esigenze; tale processo appare ricorsivo, in quanto la realtà cambiata (o meno) riattiva il processo della modificazione interpretativa, e il successo o insuccesso di tale cambiamento fa ripartire il processo conoscitivo. Il conoscere, in questo senso, è qualità costitutiva di noi individui: la nostra autopoiesi si esprime cioè nel sapere, nel fare e nel cambiare (Maturana e Varela, 1987).

Utilizzando una metafora classica, quella dell'edificare, possiamo dire che costruire conoscenza significa disporre di materiali per costruire, di una struttura da costruire, di elementi portanti e collanti che tengano insieme la struttura medesima e i materiali di cui questa è composta (Orefice, 2020). Seguendo tale analogia, è possibile riconoscere nei materiali *i tipi e le forme* del conoscere (ovvero i saperi elaborati all'interno dei domini conoscitivi che si sono evoluti con gli stessi viventi); nella struttura, *il sistema dei saperi* elaborati; negli elementi collanti e portanti, *le connessioni* che garantiscono il rapporto tra i diversi tipi di forme del conoscere e la tenuta del sistema dei saperi di ogni vivente (è questo il campo della dimensione sociale e culturale della modellizzazione delle conoscenze). Questo sistema dinamico, incerto, fatto di tentativi, ci porta a due prime considerazioni, tra loro collegate.

Nel parlare di come costruiamo le conoscenze, l'immagine più adeguata non sembrerebbe essere quella appena adottata di un edificio da costruire, compatto e solido. E' necessario trovarne un'altra, più adeguata, che ci dia cioè l'idea del movimento e, quindi, della parabola ascendente e discendente, con le sue evoluzioni ed involuzioni, che ogni sistema personale di saperi è chiamato a sperimentare: al suo interno, nella gestione delle spinte modellizzanti, ed anche destabilizzanti, dei suoi diversi saperi; ma anche al suo esterno, per alimentarsi, respingere, convivere o anche essere sopraffatto dai saperi legittimati o in trasformazione di questo o quel gruppo sociale e culturale di appartenenza.

Ed ecco dunque una seconda considerazione, che poi sostiene l'ipotesi anticipata nell'Introduzione: i diversi tipi di forme di conoscenza che abbiamo costruito nella nostra storia evolutiva e le (pressoché infinite) modalità attraverso cui organizziamo i nostri saperi in sistemi per noi coerenti e funzionali, sottendono a processi di cura, intendendo con tale termine il potere autopoietico che gli individui hanno, e senza il quale probabilmente dell'*Homo sapiens,* come lo conosciamo oggi, non ne avremmo traccia (Ledoux, 2002). Se partiamo da questa considerazione, per pervenire ad una interpretazione complessa del concetto di cura è allora necessario interrogare, come fatto altrove (Orefice, 2020), l'altrettanto complessa organizzazione del potenziale conoscitivo che ci ha generato e ci sostiene, verificando come questo sia contemporaneamente neurobiologico, psichico, sociale e culturale (Capitolo 1, in questo testo). In questa direzione, se proviamo a scomporre questo potenziale nelle sue componenti costitutive siamo in grado di capire perché nel definire la cura, ricercandone un elemento fondativo, un approccio integrato di tipo transdisciplinare appaia utile. In tale prospettiva, la domanda che possiamo porci diventa allora questa: le diverse discipline - e per quanto qui si sta discutendo la Medicina - come hanno affrontato queste componenti, che chiameremo le *componenti della cura*? La domanda non è retorica, perché in questo tentativo di ricomposizione troviamo le motivazioni che vedono le Scienze della vita cercare di comprendere i diversi meccanismi della vita da un punto di vista complesso.

3. L'impostazione bio-medica e le componenti della cura

L'approccio complesso che si sta promuovendo circa la cura contribuisce ad una riflessione inerente il superamento di molte antinomie della ricerca moderna, tuttora persistenti, nella ricerca contemporanea (Nicolescu, Yeh, Ertas, 2019). Seguendo tale approccio, che vede l'esigenza e la costruzione di modelli scientifici complessi per affrontare le sfide dell'oggi, le prime barriere da abbattere appaiono essere quelle tra scienze dell'uomo e scienze della natura (Morin, 1993). In tale direzione, Filosofia e Scienza non appaiono più come ambiti del conoscere umano che non dialogano e che sono in contrapposizione, ma appartenenti al medesimo destino spazio-temporale dell'esperienza umana: continuare ad alimentarne la separazione significa rimanere prigionieri dell'epistemologia moderna che ha relegato la prima nella filosofia dei valori, e la seconda nella scienza oggettiva. Questa separazione tra scienze della natura e scienze dell'uomo, ovvero tra ricerca scientifica e ricerca filosofica, è l'espressione di società e culture fondate sulla distinzione tra natura e uomo, tra produzione della natura e produzione della società umana (Sahlins, 2010): di qui la separazione delle conoscenze, dove il ricercatore si occupa di un segmento della realtà con metodologie di settore e non vede cosa c'è attorno al suo segmento.

Eppure, è evidente che il nostro organismo rimane un insieme complesso e articolato di relazioni vitali: da questo deriva che i singoli approcci disciplinari che intendono esplorarne una sola peculiare dimensione sono obbligati a confrontarsi tra di loro, pur nella diversificazione della specificità dell'oggetto e del metodo di studio adottati. Questo è un vincolo da rispettare che riguarda la stessa indagine scientifica ed è funzionale per ricomporre la lettura dell'insieme del vivente uomo: non soltanto sul piano della congruenza formale degli approcci metodologici disciplinari adottati, ma anche su quello della comunicazione disciplinare tra le singole teorie elaborate a spiegarne specifici aspetti.

Parlare degli individui come "insieme complessi", plasmati da forze che sono biologiche, culturali, sociali, ambientali, etc., significa riconoscere che le discipline - pur da angolature distinte e con linguaggi ed approcci diversi - rilevano il carattere attivo e mediatore del soggetto e, pertanto, si basano su di un comune parametro transdisciplinare (Nicolescu, 2002). È su questa base comune che si può ragionevolmente affermare che la produzione di saperi nella nostra specie avviene attraverso la costruzione di modelli interpretativi della realtà che combinano logica cognitiva e logica non cognitiva: mentre la prima tende a portare nei saperi l'ordine della razionalità, alimentata dal pensiero consapevole, la seconda tende a portarvi l'ordine del potenziale emozionale e sensoriale, ereditato dalle forme viventi precedenti (Damasio, 1995; Orefice P. e Orefice C., 2020). In tale direzione, una riflessione di tipo sistemico, integrato e complesso dovrebbe sempre accompagnare un percorso di cura, e dunque sostenere anche la costruzione del sapere medico che appare particolarmente soggetto ad una "ottica della frammentazione".

L'impostazione bio-medica, infatti, promuove degli interventi di straordinaria efficacia sia dal punto di vista diagnostico che terapeutico, avendo per così dire intrapreso, soprattutto nel corso del XX secolo, un processo di "molecolarizzazione" che ha fatto della cellula l'oggetto principale di cura. Questa "comprensione" della malattia solo ad un livello, quello biologico appunto, ha imposto di tralasciare, o almeno ridurre, la complessità della malattia riconducendola ad una successione di eventi causa-effetto che trascurano gli aspetti contestuali e "sistemici". Un tale approccio, come si è ricordato, rischia di impoverire la "dimensione umana" e la relazione operatore-paziente proprio perché focalizza il trattamento solo sui meccanismi biologici. Inoltre, l'avvento di tecnologie altamente sofisticate possiamo dire stia incrementando sempre più il divario tra sintomi *spiegabili* e sintomi che non trovano invece una spiegazione esclusivamente medica, cambiando così la relazione medico-paziente che viene sempre più mediata dalla strumentazione.

Appare evidente, per quanto qui si sta discutendo, che una siffatta cultura sanitaria, così fortemente sbilanciata verso soluzioni tecniche, abbia portato sempre più verso due aspetti, tra loro collegati: da un lato a privilegiare l'impiego di maggiori risorse in quei contesti terapeutici dove la sperimentazione tecnologica la fa da padrona (si pensi alla cardiochirurgia); dall'altro - disattendendo un approccio realmente transdisciplinare - a lasciar passare l'idea che quello della pratica medica sia l'ambito privilegiato della cura.

Questa affermazione, pur nel suo tono radicale, ci impone di discutere come mai la medicina tenda a considerare l'organismo attraverso principalmente determinismi biologici, relegando così i "malati" in una situazione di subordinazione e, dall'altro lato (le due cose sono collegate) negando loro, molte volte, un "diritto al significato" che permetterebbe di "spiegare" le esperienze di malattia attraverso una pluralità di fattori (culturali, economici, simbolici, etc.). Le "responsabilità" di tutto questo sono naturalmente molteplici, e la ripercussione non riguarda soltanto l'immagine che la medicina ha prodotto dei propri oggetti, ma anche i significati stessi di ciò che essa pretende studiare (Orefice e Baños, 2018).

Partiamo dal primo di questi aspetti, ovvero dall'immagine che la medicina ha costruito dei propri oggetti. Nel fare questo, il passaggio obbligato è una riflessione, per quanto sintetica, sul corpo. La principale modalità di apprendimento della conoscenza medica, infatti, è data dalla formazione e dal modellamento di uno sguardo sul corpo che per le scienze bio-mediche è stato razionalizzato, pensato, descritto e raccontato in base a precisi modelli esplicativi e descrittivi che concordano con altrettanto specifiche visioni sociali (Orefice, 2015; Orefice e Collado Ruano, 2022).

Per quanti operano in ambito sanitario, al di là dei rispettivi settori di competenza, questa centralità del corpo nel processo di apprendimento, prima ancora che dall'esperienza del cadavere o dal confronto clinico con il corpo sofferente del malato, viene prodotta da una riflessione che gli studenti/operatori fanno sulla loro stessa persona, cioè sulla loro stessa corporeità. Questa semplice constatazione, in base alla quale la trasmissione del sapere bio-medico non produce soltanto rappresentazioni del corpo del paziente ma modella e in un certo senso modifica anche il corpo proprio del medico, ci conferma una cosa: cioè che il corpo, più che un dato naturale, è una costruzione culturale prodotta in uno specifico contesto istituzionale.

Ma c'è di più. Se la nostra esperienza e la nostra conoscenza sono "incorporate" (è cioè il corpo a vivere l'esperienza nel mondo e a conoscerlo producendone rappresentazioni), e il soggetto e l'oggetto della rappresentazione e dell'esperienza del corpo sono dunque indivisibili, la quotidiana separazione mente/corpo sulla quale si basa il sistema teorico della medicina moderna apre una contraddizione fra il corpo che *si ha* e il corpo che *si è* (Damasio, 1995; Pizza, 2005).

Per riflettere su alcune di queste contraddizioni va sottolineato che il concetto di '*incorporazione*' ci dimostra come l'osservazione del corpo richieda una profonda trasformazione, sia dei paradigmi classici della conoscenza che dei dispositivi scientifici che lo limitano riducendone la complessità. Questo concetto, nello svelare un processo corporeo costantemente in corso (e non dunque una condizione fissa e stabile, né uno stato psico-fisico), non si sofferma sul corpo inteso come un *oggetto* di studio ma fa riferimento invece ai processi storici di costruzione della corporeità e ai modi corporei di produzione della storia. Se osserviamo la realtà possiamo vedere che lo studio *del* corpo è sempre uno studio *dal* corpo, cioè portato avanti da persone che sono esse stesse dei corpi in carne ed ossa. Lo stesso percorso di apprendimento di saperi e tecniche del mestiere da parte dei diversi operatori della cura, che qui ci interessa particolarmente, ne è una conferma, in quanto questi professionisti imparano un expertise, ma assumono anche un *habitus*, una disposizione incorporata. I diversi operatori della cura cioè, nel fare quello che fanno, si accostano alla realtà che osservano quotidianamente attraverso il loro corpo, dimostrando che anche l'esperienza della conoscenza scientifica è un'esperienza corporea. Eppure, lo abbiamo appena detto, la conoscenza scientifica *disease centered* - ovvero centrata sulla malattia che diviene così, per certi versi, una realtà ontologica a sé stante - considera quel corpo come un "ostacolo" da rimuovere.

Se continuiamo nel nostro ragionamento, tale "rimozione" appare paradossale per almeno due motivi. In primo luogo il suo contrario, cioè la consapevolezza della presenza corporea, si manifesta in tutta la sua forza ed ostinazione ogni volta che il medico si ammala, cioè nel momento in cui inizia a confrontare l'immagine del proprio corpo vissuto - e sofferente - con quella del corpo del paziente che ha costruito nel corso del suo apprendistato e della sua pratica. Inoltre, questa "rimozione" avviene in un ambito del sapere e della ricerca scientifica (come quello della bio-medicina appunto) che è fondato proprio sull'osservazione dell'altro, cioè sul confronto tra due corpi (quello del medico e quello del paziente). Dal momento però che una relazione non mette a confronto esemplari interscambiabili (di diverse culture o della medesima) ma individui che hanno invece una "certa idea" dell'altro e che strutturano il loro comportamento in funzione di questa idea (e di ciò che vogliono conservare di se stessa), ecco che questo processo di rispecchiamento, per rendersi possibile, deve nuovamente comprendere una messa in critica del retroterra ideologico e teorico sul quale le diverse figure professionali hanno basato gran parte della loro formazione, e dunque sulla disciplina medica stessa.

Ed arriviamo così ad un ulteriore aspetto, ovvero i significati stessi che la medicina pretende di studiare. Se prendiamo come riferimento il dislivello presente molte volte nella relazione professionista-interlocutore, questo ci permette di individuare con estrema chiarezza i meccanismi rappresentazionali (e testuali) che possono generare un dialogo illusorio tra queste due figure, e di focalizzare meglio i termini della questione. Se si interpreta correttamente un'affermazione che compare molte volte nelle narrazioni degli operatori della cura, secondo i quali *"medico e malato, pur parlando della stessa cosa, non parlano della stessa cosa"*, dobbiamo concludere che una delle difficoltà è proprio quella, da parte del professionista, di non riuscire a concepire differenti attribuzioni di senso rispetto a quei concetti predominanti intorno ai quali la bio-medicina ha pensato la salute, la malattia e la cura.

4. Le Scienze della vita: comprendere la complessità da un punto di vista transdisciplinare

Sono innumerevoli i progressi dal XVII secolo ad oggi che permettono di evidenziare il progresso delle conoscenze in campo medico. Tra questi possiamo ricordare Giovanni Borelli con la spiegazione della funzione muscolare, William Harvey con quella del sangue. L'invenzione del microscopio diede origine alla ricerca in microbiologia con gli studi di Pasteur e Koch. Quasi contemporaneamente, l'applicazione delle conoscenze chimiche sviluppate nella prima metà del XIX secolo portò alla nascita di una nuova scienza, la chimica biologica, più tardi conosciuta come biochimica. La comparsa di farmaci e vaccini efficaci per combattere le malattie infettive e il miglioramento delle tecniche chirurgiche hanno segnato l'inizio dell'aumento della dipendenza dalla medicina high-tech e, nel complesso, hanno favorito il miglioramento dell'aspettativa di vita. A metà del XX secolo fu scoperta la struttura del DNA, segnando l'inizio della genetica moderna e della biologia molecolare.

Nonostante questi progressi nella concezione del processo salute-malattia, persiste ancora la concezione moderna che visualizza il paradigma organico-funzionalista della conoscenza medica, che definisce la struttura corporea come una somma di processi biochimici e fisiologici. Si tratta di un dato oggettivamente definito in termini di grandezze osservabili e quantificabili e non come un oggetto prodotto in determinate condizioni sociali e conoscenze umane. In effetti, questa concezione meccanicistica e naturalistica del processo salute-malattia ha ottenuto molti risultati nel miglioramento della salute umana, ma non è sufficiente a interpretare le interazioni mente-corpo-ambiente come sistemi complessi e storici, oltre a ostacolare o limitare il dialogo tra diverse discipline, con il quale si potrebbero comprendere molto meglio le vicende dell'essere umano in tutte le sue dimensioni biofisiologiche, psicologiche, socio-ambientali e spirituali. Il caso delle Scienze della vita, tuttavia, mostra come sia possibile una "contaminazione" disciplinare per comprendere i diversi meccanismi della vita e come questa abbia implicazioni sociali ed etiche che vanno oltre una comprensione frammentaria della realtà (Cambra Badii et. al., 2023).

La complessità delle realtà del mondo odierno, infatti, richiede il superamento della parcellizzazione e frammentazione del processo salute-malattia, poiché tutti i sistemi o strutture dinamiche che costituiscono il nostro mondo, atomico, molecolare, cellulare, biologico, psicologico, sociologico e culturale, tra gli altri, sono caratterizzati dalle loro interconnessioni (Capitolo 1, in questo testo). Essi però sono tutti reciprocamente interdipendenti e si ribellano proprio perché, così ridotti, perdono le qualità emergenti del "tutto" e la sua azione su ciascuna delle parti.

In questo contesto, la concettualizzazione del corpo umano e del processo salute-malattia deve superare la visione cartesiana che concepisce gli organismi viventi come macchine composte da diverse parti, che funzionano secondo catene lineari di causa ed effetto e, quando si rompono, è possibile identificare un'unica causa di guasto. Al contrario, l'uomo in quanto organismo vivente funziona come un sistema aperto, e ciò significa che deve mantenere uno scambio continuo con il suo ambiente per continuare a vivere. Cioè, il corpo umano funziona come un organismo che elabora fenomeni come l'auto-organizzazione, l'auto-rinnovamento e l'auto-trascendenza.

Questo cambiamento di paradigma non è un compito facile per le scienze mediche nel loro insieme, ma sembra che abbiamo iniziato il percorso molto lentamente ed è già un risultato riconoscere le debolezze del paradigma moderno, delle discipline radicate nella loro assoluta e inconfutabile verità, e osare l'incertezza di un nuovo paradigma, la transdisciplina, per affrontare il processo salute-malattia, per il quale è necessario un autentico dialogo tra conoscenze e un cambiamento nelle strutture politiche, economiche e culturali delle diverse società per raggiungere soluzioni ai gravi problemi dell'uomo e del pianeta.

La sfida è, quindi, quella di osare un autentico dialogo tra i saperi per generare cambiamenti nelle strutture politiche, economiche e culturali delle diverse società che permettano di migliorare le condizioni di vita e di salute delle persone. In sintesi, e tornando in una prospettiva complessa, se si vuole evitare che le conoscenze biomediche impongano una visione unitaria di salute, malattia e cura, è necessario - con cautela, ma con convinzione - elaborare modelli che educhino i professionisti sanitari in una prospettiva riflessiva sulla necessità di includere altri elementi nella considerazione della salute e della malattia.

In questa sintesi aperta e vissuta, che vede la cura attraverso una fisionomia articolata che tocca tutta la vita e interroga le discipline all'interno delle situazioni quotidiane (non solo progettuali), si configura una medicina capace di rispondere adeguatamente a molteplici problemi di salute che abbracciano questo inizio del secolo.

Più di 100 anni fa, Osler (1899) ricordava che i medici dovrebbero preoccuparsi più del singolo paziente che della malattia. Le Scienze della vita ci ricordano l'importanza di integrare e migliorare la conoscenza dei pazienti e di rendere l'assistenza medica più umana ed efficiente.

Conclusioni

Come evidenziato in questo breve contributo, i fondamenti epistemologici e le pratiche delle discipline mediche e pedagogiche trovano nel concetto di "cura educativa" un punto di contatto, direzione e azione, e vedono le scienze della vita come un tentativo, ripetuto più volte e con risultati talvolta incerti, di comprensione transdisciplinare della realtà.

Secondo questa traiettoria, appare auspicabile continuare a supportare un incontro epistemologico (che è anche rivolto all'azione pratica) tra queste due discipline per una pluralità di ragioni. Tra queste, l'interessamento per ciascuna individualità (sia soggetto di educazione, che paziente) appare uno dei collanti di entrambe, e chiama in causa l'utilizzo di metodologie individualizzate, cioè che prendono in esame le dimensioni esistenziali e personali dei soggetti. Inoltre, come la scienza medica risulta necessariamente volta al miglioramento della salute dell'uomo e delle strategie per promuoverla e tutelarla, analogamente la pedagogia vede nella presa in carico di problemi reali e concreti un suo fine pratico.

In questa direzione, le università - in quanto luoghi di apprendimento - appaiono a nostro avviso necessarie per supportare e diffondere forme di ricerca utili e per contribuire a costruire saperi scientifici che, pur accogliendo la lezione storica della scienza moderna, non risultino più centrati sulle singole discipline e sulla loro gerarchia. È nell'agevolare questo cambio paradigmatico che la transdisciplinarità si differenzia (sebbene integrandole) dalla multi e dalla inter-disciplinarità, dimostrando il suo potenziale di "rottura" epistemologica e prospettando la possibilità di andare "al di là" e "attraverso" le discipline e i loro saperi.

Se la multidisciplinarità, infatti, che sostiene la didattica universitaria sembra spesso affrontare un determinato problema unendo principalmente più discipline in maniera puramente "additiva", senza un vero e proprio dialogo; e se l'interdisciplinarità (nel migliore dei casi) muove in una direzione maggiormente integrante rispetto alla precedente in quanto le discipline (tra loro vicine e che hanno dei punti di raccordo) si modificano nei loro concetti o strumenti, per mezzo di altre; l'approccio transdisciplinare a nostro avviso si presenta non come un'addizione di discipline, ma di una loro collaborazione e modificazione reciproca.

A partire dalle evidenze della realtà, anche in questo caso va fatta una ulteriore precisazione. La presenza di professionisti educativi e medici/professionisti della cura in uno stesso contesto non è una condizione necessaria e sufficiente per costruire un gruppo di lavoro orientato ad una progettazione che tenga conto, e in considerazione, dei punti di vista disciplinari di tutti i suoi membri: nella nostra pratica abbiamo verificato come tematizzare, rendere visibile e utilizzare il sapere pedagogico da parte dei professionisti educativi, così come legittimare lo sguardo di differenti discipline da parte dei medici, sia a volte difficile ma necessario (Orefice e Baños, 2018; Orefice, 2023)[2]. In questo senso, lavorare sulla consapevolezza epistemologica di ogni professionista all'interno di una cornice transdisciplinare fornita dall'università appare funzionale a mettere in atto un reale incontro di saperi nella pratica.

La crisi che Nicolescu evidenziava nel suo "Manifesto della

---

2 Gli Autori fanno riferimento all'esperienza di progettazione del *"Master internazionale in Medical Humanities"* (1° ed.) coordinato dall'Università di Vic-UCC (Spagna) e l'Università di Siena (Italia), che si svolgerà on-line nel periodo marzo-dicembre 2024 (https://escolapostgrau.uvic.cat/es/master/humanidades-medicas).

Transdisciplinarità" (1996) rende oggi, in epoca di post pandemia da Covid-19 e nelle incertezze plurime che il recente conflitto in Europa sta lasciando prepotentemente emergere, estremamente attuale la necessità di riorganizzare il sistema educativo del sapere partendo dalle università e il favorire strutture epistemiche dialoganti fondate sul rigore, sull'apertura e sulla tolleranza. In tale direzione, *riscoprire e promuovere il ruolo dei ricercatori indisciplinati in quanto produttori di coscienza critica* e capacità di immaginare utopie condivise, significa riconoscere che la transdisciplinarità può contribuire allo sviluppo di uno spirito problematizzatore e, quindi, al progresso della conoscenza.

L'obiettivo è generare inaspettate soluzioni creative, nuove possibilità e nuovi orizzonti altrimenti inaccessibili in visioni parcellizzate e riduttive della realtà.

Bibliografia

Álvarez Monsalve E., Collado Ruano J., Orefice C. (2023). *Pensamiento complejo para mejorar el perfil profesional docente en Colombia. Un estudio piloto de investigación transdisciplinar dentro de una red interuniversitaria.* DOCUMENTACIÓN DE LAS CIENCIAS DE LA INFORMACIÓN, 46(2), 161-168.

Baños J.E., Orefice C., Bianchi F., Costantini S. (2019). *Good Health, Quality Education, Sustainable Communities, Human Rights. The scientific contribution of Italian UNESCO Chairs and partners to SDGs 203.* Firenze: Firenze University Press.

Cambra-Badii I., Busquets-Alibés E., Terribas-Sala N., Baños J.-E. (Eds.). (2023). *Bioethics: Foundations, Applications and Future Challenges* (1st ed.). Boca Raton: CRC Press.

Damasio A.R. (1995). *L'errore di Cartesio. Emozione, ragione e cervello umano.* Milano: Adelphi.

Fam D., Neuhaser L., Gibbs P. (Eds.). (2018). *Transdisciplinarity - Theory, Practice and Education: The Art of Collaborative Research and Collective Learning.* Berlin: Springer.

Good B.J. (2014). *Narrare la malattia. Lo sguardo antropologico sul rapporto medico-paziente.* Torino: Einaudi.

Kleinman A., Das V., Lock M. (Eds). (1997). *Social Suffering.* Berkeley: University of California Press.

Kuhn T.S. (2009). *La struttura delle rivoluzioni scientifiche.* Torino: Einaudi.

Ledoux J. (2002). *Il Sé sinaptico. Come il nostro cervello ci fa diventare quello che siamo.* Milano: Raffaello Cortina.

Martins N.P. (2019). *Being Transdisciplinary in Human Sciences: The usefulness of Integrative Medicine in contemporary society.* In B. Nicolescu, *R. T. Yeh, A. Ertas (Eds.). Being Transdisciplinary.* Fayetteville: ATLAS Publishing, pp. 39-47.

Maturana H.R., Varela F.J. (1987). *L'albero della conoscenza.* Milano: Garzanti.

Morin E. (1993). *Introduzione al pensiero complesso. Gli strumenti per affrontare la sfida della complessità*. Milano: Sperling & Kupfer.

Nicolescu, B. (2002). Manifesto of Transdisciplinarity. New York: State University of New York Press.

Nicolescu B., *Yeh R.T., Ertas A. (Eds.). (2019). Being Transdisciplinary*. Fayetteville: ATLAS Publishing.

Orefice C. (2015). Cultura, società e corpo. In A. Cunti (Ed.). *Corpi in formazione. Voci pedagogiche*. Milano: FrancoAngeli, pp. 74-78.

—, (2020). *Lo studio della cura educativa in un'ottica complessa*. Lecce: PensaMeltimedia.

—, (2023). *Towards a definition of Bioethics as a discipline*. In I. Cambra-Badii, E. Busquets-Alibés, N. Terribas-Sala, J.-E. Baños (Eds.). (2023). Bioethics: Foundations, Applications and Future Challenges (1st ed.), Boca Raton: CRC Press, pp. 2-18.

Orefice C., Baños J.E. (2018). *The role of humanities in the teaching of medical students*. Barcellona: Dr. Antoni Esteve Foundation.

Orefice P., Orefice C. (2020). *Passaporto per il Pianeta. Un dialogo transdisciplinare per la cura educativa di una cittadinanza terrestre*, in C. Spadola (a cura di), Narrazioni ecologiche: teoria, pratica e prospettive future, Edizioni Arcoiris, Salerno, pp. 209-232.

Orefice, C., Collado Ruano, J. (2022). *Designing a Transdisciplinary Curriculum: educational reflections within the Inter-university Network "Red Latinoamericana para el cambio social y el aprendizaje emancipatorio"*, In S. Modreanu F. Pasquier (edited by), "BASARAB NICOLESCU. Omul cosmodern, L'Homme cosmoderne, The Cosmodern Human", Iaşi, Junimea Publishing House. pp. 317-331.

Orefice P., Orefice C. (2023). *Inteligencia Relacional Transdisciplinaria. Paradigma del futuro para los ciudadanos de la Tierra*. In P. Orefice, C. Orefice (Coordinadores), Desafío transdisciplinario para la civilización sostenible. Enfoques y modelos de saberes. Buenos Aires: Sb Editorial, pp. 30-63.

Orefice, C., Baños J.E. (2023). *Ser transdisciplinario: la relación entre pedagogía, medicina y ciencias de la vida*. In P. Orefice, C. Orefice (Coordinadores), Desafío transdisciplinario para la civilización sostenible. Enfoques y modelos de saberes. Buenos Aires: Sb Editorial, pp. 81-97.

Osler W. (1899). *Address to the students of Albany Medical College*. Albany Medical Annals, 20, 307-309.

Pizza G. (2005). *Antropologia medica. Saperi, pratiche e politiche del corpo*. Roma: Carocci.

Popper K. (1970). *Logica della scoperta scientifica*. Torino: Einaudi.

Remotti F. (Ed). (2002). *Forme di umanità*. Milano: Mondadori.

Sahlins M. (2010). *Un grosso sbaglio. L'idea occidentale di natura umana*. Milano: Elèuthera.

LIVELLI V-VIII

Focus e Modelli transdisciplinari:
Strategia / Territorialità / Professionalità / Metodologia

La relazione transdisciplinare dei saperi per l'impegno civico e la rigenerazione di un quartiere popolare di Tunisi

Afef Hagi

afef.hagi@pontes.it

Sintesi

Questo contributo tratta di un'esperienza associativa condotta da un'associazione della diaspora tunisina per la rigenerazione di un quartiere popolare di Tunisi. Questa esperienza testimonia l'importanza della transdisciplinarità nel campo delle azioni civiche, specialmente in un contesto di transizione democratica. Saranno definiti e analizzati quattro assi dell'azione civica associativa alla luce di un'esperienza associativa che ha applicato l'approccio transdisciplinare per realizzare un dialogo costruttivo tra conoscenze e competenze. Accogliere la diversità generazionale all'interno dell'associazione e lavorare per favorire la trasmissione tra le generazioni, creare alleanze con le istituzioni locali e gli altri enti del territorio sono i quattro principi guida che hanno orientato l'azione civica di questa associazione.

Parole chiave

Saperi transdisciplinari; Impegno civico; Vita associativa; Transizione democratica; Cittadinanza partecipativa.

1. Introduzione

Nei paesi del Sud, dove la presenza dei giovani è significativa e si verificano rapide trasformazioni economiche e sociali, i movimenti sociali inaugurano fasi di transizione fragili e instabili. In queste realtà emergenti, la cittadinanza è spesso al centro delle lotte, con un elevato livello di impegno civico e un ampio coinvolgimento dei cittadini nella vita politica, manifestando un alto grado di socializzazione interpersonale. Lo sviluppo e la vitalità della società civile in questi paesi sono essenziali per lo sviluppo delle competenze civiche, e in relazione a questa sfida, la partecipazione cittadina può essere compresa in termini di processi formativi e trasformativi. L'acquisizione di competenze specifiche è quindi considerata come un passo essenziale per la costruzione di un'*agency* cittadina in grado di rispondere alla necessità di prendere parte alla vita politica.

Questo contributo narra l'esperienza di un'associazione transnazionale fondata da cittadini tunisini residenti in Italia, che è intervenuta nei quartieri popolari della capitale tunisina durante il periodo di transizione democratica tra il 2011 e il 2019. In quel periodo, una delle principali sfide affrontate dalla società tunisina riguardava la riconquista dello spazio pubblico e la ricostruzione di un'identità cittadina basata su valori condivisi e su un progetto sociale comune. Questa sfida ha fornito un contesto per l'azione politica e civica in cui si inserisce il nostro impegno civico. Attraverso la nostra azione associativa, abbiamo cercato di applicare l'approccio transdisciplinare nel campo dell'azione civica, facendo dialogare le conoscenze accademiche, professionali e popolari su tematiche di interesse comune radicate nella realtà locale e rispondenti alle aspirazioni di riforma e ricostruzione di uno spazio cittadino libero.

2. La transizione democratica in Tunisia e il risveglio del mondo associativo

Come altri paesi vicini nella regione MENA (Middle East and North Africa), dopo l'indipendenza la Tunisia è passata da un sistema paternalistico che metteva i cittadini sotto tutela a un regime decisamente autocratico con l'ascesa al potere di Ben Ali nel 1987. Da quella data, attraverso il controllo esercitato dal partito unico sulla popolazione e l'uso di tecniche di repressione poliziesca, il potere in carica ha attuato una sistematica "ripartizione individualizzante" dei cittadini (Mejri & Hagi, 2013). Il risultato di questo clima politico e sociale è stato descritto come una progressiva e sistematica frammentazione del legame sociale. Individui atomizzati subivano politiche di depoliticizzazione e si vietava loro di mettere in discussione il potere. Il controllo e la repressione del regime al potere imponevano di fatto agli individui un coinvolgimento ideologico ed emotivo dell'ordine dominante. Una configurazione basata sulla sicurezza e sulla repressione che impediva qualsiasi esercizio di piena cittadinanza.

Gli individui che si difendevano dall'alienazione della dittatura abbandonavano lo spazio pubblico, e ciò veniva spesso interpretato come un segno di indifferenza, passività o persino di "apatia" da parte di questo popolo.

Il percorso di transizione verso il pluralismo politico e la democrazia è iniziato in Tunisia il 14 gennaio 2011, dopo ventitré giorni di proteste di massa represse nel sangue dal regime autoritario. La fase insurrezionale, che si è conclusa con la fuga del dittatore, è stata seguita da una pressione popolare per i due mesi successivi. Questa forte mobilitazione popolare ha portato all'istituzionalizzazione della transizione e alla creazione dell'*Instance supérieure pour la réalisation des objectifs de la révolution* (Istanza superiore per il raggiungimento degli obiettivi della rivoluzione), il cui obiettivo principale è stato l'organizzazione delle prime elezioni libere del paese[1].

Come molti cittadini tunisini in Tunisia e all'estero, i membri dell'associazione Pontes si sono mobilitati per partecipare alle iniziative nazionali per la ricostruzione del paese dopo il 14 gennaio 2011. Se le sfide e le azioni sono state numerose durante questa fase storica delicata, i temi della mobilitazione e dell'engagement cittadino sono stati al centro di tutte le iniziative. Uscire dall'apatia e dall'indifferenza per rivendicare i propri diritti di cittadinanza e rispettare i doveri civici verso la comunità sono stati considerati come gli unici mezzi per consolidare i principi della vita democratica e i suoi valori e per promuovere le attitudini e i comportamenti civici necessari per la costruzione di una nuova identità di cittadinanza tunisina libera.

Nella Tunisia post-rivoluzionaria, abbiamo assistito a una proliferazione senza precedenti delle pratiche cittadine. Da un lato, c'è stata una rinascita delle forme tradizionali di partecipazione nella sfera politica, come la creazione di nuovi partiti politici, l'adesione a questi partiti e il voto dei cittadini. Dall'altro lato, c'è stata una rinascita dell'attivismo attraverso l'engagement nella società civile. Infatti, si può dire che questo periodo di transizione politica ha avviato un processo sociale e culturale di ricostruzione del legame

---

1   Nel 2014, è stata ratificata una nuova costituzione progressista, consentendo così la tenuta delle prime elezioni libere e trasparenti nel 2015. Questo nuovo ordine politico ha trasformato le relazioni tra governanti e governati, ripristinato lo stato di diritto e instaurato il pluralismo politico.

sociale e del sentimento di cittadinanza. La società frammentata ereditata dalla dittatura doveva contrastare l'effetto dei processi di individualizzazione che avevano portato al disimpegno e alla desolidarizzazione dei cittadini e affermare i cittadini come attori politici liberi. La società tunisina ha anche dovuto affrontare la sua complessità, le diverse caratteristiche che la contraddistinguono e i conflitti interni che la animano. Tutti questi aspetti sono emersi una volta sollevato il peso della repressione, dell'uniformità e del controllo. Questa libertà acquisita ha portato all'emergere di nuove forme di partecipazione e nuove attività civiche. La diversificazione di queste attività, sotto forma di affiliazione o protesta, ha dato vita a nuove forme di espressione che investono lo spazio pubblico attraverso rivendicazioni identitarie e di appartenenza fino ad allora trascurate. Si possono citare la causa dei tunisini di colore contro la discriminazione (Hagi A., 2015) e la lotta per legittimare la partecipazione civica e politica dei tunisini residenti all'estero, che hanno dimostrato un forte coinvolgimento politico e civico nel processo di transizione (Medici A.M., 2015).

3. Studio di un caso di impegno civico della diaspora: l'Associazione Pontes

Il gruppo dei membri fondatori di Pontes si è formato in Italia, inizialmente in modo informale subito dopo gli eventi dell'11 settembre, all'interno di un movimento nazionale il cui obiettivo era sviluppare una contro-narrazione sulla migrazione proveniente dai paesi arabo-musulmani. Attraverso azioni di comunicazione alternative come scrittura, advocacy presso le istituzioni locali e nazionali, partecipazione a dibattiti televisivi e radiofonici, il gruppo ha cercato di diffondere un'immagine autentica dei migranti presenti sul territorio italiano. Questo collettivo era composto da migranti di prima e seconda generazione originari di diversi paesi della zona MENA (Marocco, Tunisia, Siria, Egitto). All'interno di questo gruppo transnazionale, il gruppo dei tunisini era formato da studenti, ricercatori e accademici tunisini residenti nel centro-nord Italia. In questo contesto di attivismo volontario, i membri hanno sviluppato una ricca esperienza in vari campi d'azione come la comunicazione sociale, la sensibilizzazione, la difesa dei diritti e la progettazione e realizzazione di progetti in collaborazione con le istituzioni locali.

Il gruppo dei tunisini, dopo questa ricca esperienza intercomunitaria, si è formalizzato come un'associazione nel 2006, creando l'Associazione Pontes dei Tunisini in Italia. Continuando le sue attività principalmente come volontari nella regione della Lombardia e dell'Emilia-Romagna, Pontes ha prestato particolare attenzione alla diaspora tunisina: alle sue problematiche e alla sua immagine nel paese ospitante. Questa azione associativa si è naturalmente rivolta verso la Tunisia dopo la rivoluzione, sia attraverso azioni in Italia tra i membri della diaspora, sia in Tunisia attraverso l'Associazione Pontes Tunisia, fondata nel novembre 2011.

In questo contesto di transizione, la missione di Pontes Tunisia è stata elaborata e messa in atto. Nella figura seguente sono rappresentati i quattro assi fondamentali della nostra azione, che si sono sviluppati per oltre dieci anni in Tunisia. Sono questi i concetti che definiscono la nostra identità associativa e guidano la nostra azione civica in quanto associazione transnazionale.

I 4 assi dell'azione civica basati sull'esperienza dell'associazione transnazionale Pontes

Di seguito, svilupperemo brevemente i diversi assi facendo riferimento all'esperienza di Pontes nel contesto del suo progetto "Reviving Bab Souika" (2012-2017). In questa esposizione, metteremo in evidenza da un lato le basi teoriche e i campi di applicazione di queste linee guida e, dall'altro, le limitazioni e le possibili vie di miglioramento considerate.

Progetto "Reviving Bab Souika" - Associazione Pontes

Reviving Bab Souika
La cultura: fattore di sviluppo, cittadinanza e impegno

Bab Souika è uno dei quartieri della medina di Tunisi, uno spazio storico in pieno degrado, i cui quartieri sono sempre più soggetti a degrado architettonico, abbandono culturale e inquinamento ambientale.

«Pontes Tunisia propone di coordinare progetti di animazione in cui gli abitanti possono essere invitati a partecipare, non solo come partecipanti a un evento, ma come attori del progetto, il che può facilitare la partecipazione e l'iniziativa.

Attraverso iniziative come questo progetto, che mira a preservare e valorizzare il patrimonio locale, vogliamo promuovere i giovani talenti locali mettendo a loro disposizione le risorse necessarie per svilupparsi e distinguersi a livello nazionale.

Vogliamo contribuire alla protezione del patrimonio culturale attraverso una gestione efficiente dell'ambiente. La conciliazione di questi due livelli d'azione mette in evidenza un'interpretazione, una reciproca e mutua consolidazione tra cultura e sviluppo sostenibile. La protezione del patrimonio culturale e la gestione efficiente dell'ambiente conducono a una logica di sviluppo sostenibile e consentono un migliore intervento per l'ambiente attraverso la cultura»

Fonte: sito di Pontes Tunisie http://www.pontestunisie.net/pages/culture.html

Il progetto di rigenerazione del quartiere di Bab Souika cerca di migliorare le condizioni di vita degli abitanti del quartiere attraverso la cultura in tutte le sue forme. Il progetto include quindi una dimensione urbana legata ai problemi di mancanza di spazi verdi, inquinamento, congestione, ecc. In questo contesto, sono state intraprese diverse iniziative: campagne di sensibilizzazione sulla pulizia del quartiere, consultazione cittadina con il comune, mostre, proiezioni, campagne di pulizia delle strade e decorazione dei balconi.

Inoltre, il progetto comprende anche una dimensione culturale legata alla ricchezza di storia e patrimonio culturale del quartiere, ma anche a una certa stigmatizzazione come quartiere popolare, poco sicuro e degradato. In questo senso, il nostro progetto di rigenerazione ha cercato di preservare e promuovere la ricchezza culturale del quartiere attraverso iniziative comunitarie legate al patrimonio culturale.

La dimensione partecipativa è una caratteristica trasversale dell'azione di Pontes. In questo caso, il progetto Reviving Bab Souika ha coinvolto gli abitanti del quartiere nella sua concezione e realizzazione, così come le istituzioni locali del quartiere e diverse altre associazioni partner.

4. La transdisciplinarità: un'identità, una scelta

La transdisciplinarità delle conoscenze, come viene applicata nella pratica associativa, si riferisce alla cooperazione e alla combinazione di conoscenze provenienti da diverse discipline per raggiungere obiettivi comuni all'interno di un'organizzazione. L'associazione Pontes è nata da un gruppo eterogeneo di giovani studenti, ricercatori e accademici e, nei 15 anni successivi alla sua creazione, ha sviluppato la sua visione facendo affidamento sulle conoscenze dei suoi membri provenienti da diverse discipline e sfondi professionali. I profili accademici e professionali dei membri fondatori sono vari: informatica, gestione e marketing, letteratura e linguistica, psicologia e arti dello spettacolo. Questi profili sono arricchiti dai contributi di specialisti della comunicazione, giornalisti, urbanisti e insegnanti.

Questa transdisciplinarità ha permesso a persone con competenze diverse di incontrarsi e lavorare insieme per realizzare la missione dell'associazione.

Una delle principali sfide di questa apertura alla transdisciplinarità è stata la creazione di un clima che permettesse di comprendere e integrare le competenze e i contributi di ciascuno e di trovare i mezzi per lavorare insieme per raggiungere gli obiettivi prefissati. Ad esempio, nel progetto "Reviving Bab Souika", ogni membro ha apportato competenze e conoscenze uniche che sono state utilizzate per sviluppare strategie mirate agli obiettivi di rivitalizzazione del quartiere, partecipazione dei residenti e rinnovamento della cittadinanza locale. L'approccio transdisciplinare ha consentito una collaborazione olistica attraverso una metodologia multidimensionale che ha favorito l'innovazione e la creazione di un ambiente in cui i membri pensavano in modo diverso ed esploravano nuove e creative idee.

Inoltre, questo approccio è stato fondamentale per integrare e coniugare: i) gli aspetti razionali legati alla conoscenza; ii) gli aspetti di agency legati all'azione civica; e iii) gli aspetti di partecipazione legati all'esperienza emotiva e al senso di appartenenza.

Affrontando un progetto di "rigenerazione" in un quartiere popolare, il nostro team si è trovato di fronte alla complessità di un progetto dalle molteplici sfaccettature, il che ci ha portato a valutare la nostra relazione con la conoscenza e a sviluppare strategie adeguate per garantire che la nostra presenza e le nostre attività fossero accettate e adottate dalla popolazione locale. Sulla base delle nostre conoscenze formali, comprese le tecniche di comunicazione e sensibilizzazione, e della nostra capacità di analizzare le sfide urbane e ambientali del quartiere, dovevamo ribadire il valore delle conoscenze informali e tradizionali locali come elemento centrale del nostro lavoro, al fine di superare la resistenza dei residenti al cambiamento. Ciò implicava fare affidamento su un repertorio di norme comportamentali e relazionali proprie dei quartieri popolari della Medina di Tunisi, identificare le esigenze e le priorità locali e proporre attività in linea con l'identità culturale rivendicata dagli abitanti del quartiere. Particolare attenzione è stata dedicata alle attività volte a rivitalizzare le tradizioni orali, le pratiche culinarie, le pratiche religiose e i rituali, che costituiscono la memoria popolare delle conoscenze, dei riti e dei modi di vita, tesori di una sottocultura in via di estinzione.

Progetto Reviving Bab Souika - Tijâniyya

La Tijâniyya: Un patrimonio immateriale femminile

Fondata nel 1196 dell'Egira (corrispondente all'anno 1781/2 della nostra era), in seguito a una visione del Profeta mentre era sveglio nell'oasi algerina di Abû Samghûn, dal sapiente e mistico Ahmad al-Tijânî (1737-1815), la Tijâniyya e le sue pratiche sono ancora vive nella pratica del sufismo in Tunisia. Questo movimento confraternale si caratterizza per un forte approccio educativo, missionario e militante, e un profondo rispetto per il Profeta, il suo modello e il suo insegnamento (Melliti I., 1994).

Questa tradizione mistica comprende una vasta gamma di pratiche e rituali, alcune delle quali sono praticate anche dalle donne sufi. Nel quartiere di Bab Souika, una confraternita storica di donne della Tijaniyya è ancora attiva e continua a celebrare questi rituali del dhikr e a trasmettere la sua filosofia e i suoi rituali alle giovani generazioni di donne.

Nel contesto del progetto "Reviving Bab Souika", una serie di eventi è stata dedicata a questa tradizione sufica: conferenze tenute da storici, laboratori culinari dedicati ai piatti tradizionalmente serviti durante questi rituali, così come una sessione di dhikr (lode, canti e danze), sono stati organizzati presso i locali dell'associazione con il coinvolgimento e la partecipazione attiva degli abitanti del quartiere.

---

5. Gruppo intergenerazionale o l'importanza dei legami

Posizionandosi nel processo di ricostruzione dei legami di cittadinanza e di rigenerazione delle pratiche partecipative democratiche, il concetto di "cittadinanza vissuta" assume grande importanza nelle attività collettive svolte dall'associazione. Infatti, esso riporta la cittadinanza nell'ambito dell'esperienza vissuta e delle sue implicazioni per i cittadini stessi (Colombo et al., 2009). Secondo Ruth Lister (2007), la cittadinanza vissuta riguarda il modo in cui le persone definiscono i tre elementi chiave della cittadinanza: diritti e responsabilità; appartenenza e partecipazione, il che porta alla creazione di un ambiente favorevole alla partecipazione e alla consapevolezza dei contesti che spingono i cittadini a negoziare il loro senso di appartenenza alla comunità e le modalità di coinvolgimento nelle pratiche partecipative (Bellamy et al., 2004).

L'introduzione di questo concetto ci ha anche portato a considerare gli aspetti individuali e collettivi delle esperienze quotidiane di cittadinanza. Infatti, le persone possono vivere e esprimere diverse forme di cittadinanza in spazi e momenti diversi (Isin & Wood, 1999). Pertanto, in relazione al periodo di transizione democratica che il paese sta attraversando, è stato particolarmente importante introdurre nel dialogo concetti, pratiche ed esperienze diverse di cittadinanza. In particolare, ci siamo interrogati su vari aspetti legati all'esperienza dei membri dell'associazione: quali modelli e pratiche di cittadinanza hanno interiorizzato i membri più anziani durante la fase di ricostruzione dello Stato dopo l'indipendenza? Quali limitazioni della sfera della cittadinanza sono state assimilate dalla generazione dei "dittatori", cioè la generazione di tunisini che è cresciuta sotto il regime liberticida di Ben Ali in una società oppressa e sotto controllo della polizia? O come i membri binazionali italo-tunisini, nati da genitori tunisini e cresciuti in Italia, concepiscono l'appartenenza e l'impegno civico verso un paese a cui si sentono legati, ma che non hanno mai "vissuto" o conoscono solo in parte?

Poiché il significato che un gruppo sociale attribuisce al concetto di cittadinanza non è altro che il risultato di costruzioni sociali e politiche (Leca, 1991), la negoziazione di nuove forme e pratiche di cittadinanza è senza dubbio strettamente legata all'evoluzione storica del paese e alla storia personale dei suoi cittadini. La cooperazione e l'interazione tra i membri delle diverse generazioni coinvolte nell'organizzazione sono state quindi una scelta deliberata fin dalla creazione della nostra associazione in Tunisia. L'approccio adottato dal nostro gruppo può essere definito come un processo di analisi e rielaborazione dei riferimenti storici e culturali che rappresentano le matrici di significato delle narrazioni individuali e collettive della cittadinanza. L'obiettivo di questo processo era costruire una missione e una visione comuni che potessero tradurre le aspirazioni e le aspettative di tutti i membri in azioni significative per la comunità. Un tale processo porta spesso a conflitti e richiede negoziazioni, che a volte portano a compromessi e altre volte a innovazioni e alla creazione di nuove strategie d'azione.

Per fare ciò, è stato necessario riconoscere e valorizzare le differenze generazionali come risorsa per il lavoro associativo. I membri portano competenze, conoscenze, esperienze e prospettive uniche, che possono essere utilizzate per raggiungere gli obiettivi dell'associazione. Ad esempio, la novità e la propensione all'esperimento dei giovani sono un potente motore per le iniziative dell'associazione, mentre le esperienze passate di delusione e disillusione che i membri più anziani condividono con il gruppo possono limitare l'entusiasmo. Lo scambio di esperienze tra le generazioni consente comunque di evitare errori passati analizzando le lezioni apprese dalle esperienze precedenti, ecc.

In termini pratici, la convivenza e la cooperazione tra persone di diverse generazioni hanno sollevato diverse sfide. Infatti, per mantenere l'equilibrio all'interno di un'associazione, è importante che ogni persona con conoscenze, competenze e interessi diversi abbia uno spazio per esprimersi e i mezzi per svolgere le attività che apprezza e che meglio corrispondono alla sua identità. A tal fine, è importante che tutti i membri siano adeguatamente sostenuti e incoraggiati nella progettazione e nella pianificazione delle attività che propongono. In questo senso, un passaggio è stato particolarmente problematico, ovvero l'orientamento verso la professionalizzazione delle attività associative. Questa scelta è stata guidata dalla constatazione che l'unico modo per superare la mancanza di risorse umane e finanziarie e avere un impatto maggiore e più duraturo sulla comunità fosse attraverso una maggiore strutturazione del lavoro associativo. Pertanto, strutturare le attività dell'associazione definendo il ruolo e il contributo di ciascun membro del gruppo si è rivelato particolarmente laborioso per alcuni membri anziani. Hanno infatti espresso difficoltà nell'adattarsi alle norme di lavoro moderne, basate sulla mobilità e la flessibilità e che richiedono l'uso delle nuove tecnologie, la comunicazione online, la gestione autonoma del tempo, ecc. Questo è stato percepito come una sorta di esclusione a causa delle difficoltà incontrate. D'altra parte, questo approccio è stato ben accolto dai giovani membri dell'associazione, in particolare i figli e le figlie di migranti tunisini nati in Italia. Hanno così avuto l'opportunità di partecipare al momento storico della ricostruzione del paese d'origine dei loro genitori e di articolare il loro percorso identitario tra i loro due paesi di appartenenza nell'ambito di un'azione diasporica che rafforza e valorizza la dimensione transnazionale della loro esperienza cittadinanza.

Inoltre, il trasferimento intergenerazionale delle conoscenze non è applicato solo all'interno dei gruppi di membri, ma è al centro di molte delle nostre iniziative per il mantenimento della memoria culturale e la conservazione del patrimonio culturale (vedi riquadro sulla Tijaniyya). Abbiamo creato momenti comuni in cui i giovani potevano riallacciare i legami con le loro radici e comprendere meglio la loro identità culturale. Queste attività hanno gettato ponti tra le generazioni e hanno contribuito all'armonia delle nostre comunità.

6. Il dialogo e la collaborazione con le istituzioni locali: un approccio costruttivo

Durante il periodo di transizione, oltre alla constatazione di disimpegno e depoliticizzazione, abbiamo notato che la società tunisina ha ereditato anche quello che Rogers definisce come il sentimento di "impotenza appresa" e di "privazione appresa" (Rogers, 2015). L'autore si riferisce, infatti, a un sentimento di alienazione interiorizzato e appreso in modo informale che può tradursi in una posizione subalterna nei confronti dei rappresentanti del potere politico. L'esperienza di esclusione e il sentimento di impotenza sarebbero quindi trasmessi di generazione in generazione per mantenere lo status quo della dominazione.

Quando ci siamo impegnati nell'attività associativa in un quartiere popolare e dopo i primi anni in cui ancora prevaleva un sentimento di contestazione e in cui l'instabilità politica era predominante, abbiamo notato la predominanza del senso di impotenza legato, in particolare, alla convinzione degli abitanti, e persino di alcuni membri del nostro gruppo, dell'inutilità di qualsiasi azione di riforma o sviluppo date l'ostilità delle istituzioni e il loro immobilismo. Questa constatazione dell'ancoraggio di queste posizioni fatalistiche di fronte a qualsiasi tentativo di dialogo o coordinamento con le istituzioni locali ci ha portato a rivedere la nostra strategia d'azione, considerando prioritario coinvolgere le istituzioni locali in diversi modi nelle nostre attività e iniziative.

Questo è particolarmente pertinente se si considera la complessità delle problematiche dei quartieri popolari delle grandi città: stigmatizzazione, insicurezza, precarietà, degrado ambientale, ecc. Spesso questi problemi richiedono risposte globali e partenariati con altri attori, in particolare le istituzioni pubbliche.

Il nostro obiettivo iniziale era quello di instaurare una comunicazione aperta e trasparente tra la nostra organizzazione e le istituzioni locali (in particolare il comune) al fine di creare una relazione di lavoro collaborativa e costruttiva.

Era importante in questo processo riconoscere e rispettare le prospettive, le competenze, ma anche i limiti e le difficoltà che le istituzioni affrontano. In particolare, i nostri primi dialoghi con il comune riguardavano il programma "Reviving Bab Souika" in relazione all'aspetto della pulizia urbana.

I problemi legati all'igiene urbana rappresentano una sfida importante per molte città tunisine, in particolare nel quartiere di Bab Souika. I rifiuti, l'immondizia e altri detriti possono avere effetti negativi sulla salute pubblica, sull'ambiente; influenzano negativamente la qualità della vita degli abitanti e danneggiano l'immagine del quartiere.

Di fronte a questo problema, abbiamo condotto diverse attività coinvolgendo l'amministrazione comunale:

- Campagne di sensibilizzazione: attraverso eventi locali, abbiamo cercato di sensibilizzare la popolazione sull'importanza dell'igiene urbana. Anche i bambini delle scuole del quartiere sono stati invitati a partecipare a attività con gli operatori municipali al fine di valorizzare il lavoro svolto dai netturbini e incoraggiare gli abitanti a partecipare alla gestione dei rifiuti.

- Una campagna di pulizia degli spazi pubblici: la nostra associazione ha anche organizzato eventi di pulizia per contribuire a sanificare gli spazi pubblici, in particolare le strade e i vicoli del quartiere che sono inaccessibili ai veicoli a causa della loro architettura antica.

- Advocacy per politiche ambientali: dopo aver condotto uno studio approfondito del quartiere, l'associazione ha richiamato per politiche ambientali più rigorose al fine di combattere l'inquinamento urbano. In particolare, sono state organizzate riunioni con i cittadini con la partecipazione di rappresentanti del comune e della municipalità per discutere iniziative sostenibili adatte alle caratteristiche architettoniche del quartiere.

- Questa prima collaborazione ha spinto l'associazione a pianificare e attuare in modo sistematico attività in stretta collaborazione con le istituzioni centrali, regionali e locali in Tunisia, convinta che i partenariati tra il settore pubblico e la società civile siano il modo migliore per affrontare le sfide dello sviluppo e della riforma in questa fase di transizione democratica.

7. Cooperazione e coordinamento con altre associazioni locali: reciproco potenziamento

L'ultimo asse del modello di azione che presentiamo in questo contributo è stato anch'esso l'ultimo ad essere pienamente implementato, poiché ha richiesto una maturazione della nostra visione, dell'approccio adottato e delle metodologie di lavoro utilizzate per cooperare in modo efficace con altre associazioni locali. Essendo un'associazione transnazionale della diaspora, fin dall'inizio del nostro lavoro in Tunisia è stato chiaro che dovevamo stabilire partenariati solidi a livello locale, basati su obiettivi comuni.

I vantaggi della cooperazione tra associazioni risiedono principalmente nella condivisione di risorse, tra cui competenze, conoscenze, volontari, forniture e locali, al fine di portare a termine le iniziative e raggiungere gli obiettivi prefissati. Infatti, abbiamo collaborato con diverse associazioni durante l'implementazione delle nostre azioni nel quartiere di Bab Souika, il che ha avuto l'effetto di aumentare la visibilità delle nostre attività. Ciò è dovuto al fatto che le azioni svolte nell'ambito di una collaborazione inter-organizzativa beneficiano di una promozione congiunta in grado di raggiungere un pubblico più ampio.

L'ampliamento delle competenze ottenuto attraverso la collaborazione tra le associazioni ha anche consentito ai membri di acquisire nuove conoscenze in settori correlati, il che è stato vantaggioso per tutti i partner in termini di sviluppo a lungo termine. In particolare, questo tipo di cooperazione può offrire opportunità di rafforzamento delle capacità delle diverse organizzazioni in aree legate in particolare alle competenze gestionali, come il fundraising, la gestione dei progetti, l'amministrazione delle organizzazioni no-profit e la gestione delle risorse umane (dipendenti e volontari). Tutti questi sono elementi essenziali per lo sviluppo delle organizzazioni associative, per la loro sostenibilità nel tempo e per l'impatto delle loro attività. Inoltre, la cooperazione tra le associazioni avrebbe un impatto significativo sulla copertura geografica e sulla replicazione delle attività in diverse regioni. Questo è un ulteriore fattore che rafforza le organizzazioni partner in termini di qualità delle attività svolte e del loro impatto.

La collaborazione tra le associazioni è anche una fonte di stimolo per l'innovazione e per l'applicazione dei principi della transdisciplinarità a livello di un ecosistema civico locale. Questo approccio costruttivo, oltre a essere il più adatto per affrontare la complessità delle sfide poste dal contesto storico e geopolitico del paese, è anche un modo per evitare gli ostacoli della competizione tra le associazioni e dei potenziali conflitti o rivalità sterili tra di esse. Al contrario, la collaborazione e la cooperazione tra le associazioni rappresentano un modo per presentarsi come attori fondamentali, soprattutto nella governance urbana, e per guadagnare riconoscimento e apertura alla co-costruzione di progetti con le istituzioni pubbliche.

Oggi, la nostra associazione fa parte di una rete di 14 organizzazioni situate in 12 governatorati tunisini. Questa rete si basa sulla fiducia, su principi e obiettivi comuni, e su un'esperienza condivisa acquisita attraverso una stretta collaborazione su progetti di sviluppo a livello nazionale e internazionale.

8. Conclusione

Attraverso questa narrazione della nostra esperienza associativa, del percorso intrapreso e dei limiti del nostro approccio, abbiamo cercato di condividere in questa contribuzione una storia collettiva dei valori e delle esperienze condivise all'interno di un'organizzazione associativa transnazionale. Questa narrazione del nostro percorso e dell'azione associativa è stata trasmessa attraverso l'analisi delle nostre pratiche partecipative in un contesto associativo e in un momento storico di transizione democratica post-rivoluzionaria. È attraverso queste narrazioni che è possibile collegare ed integrare le storie personali e le esperienze individuali e collettive che costituiscono le costruzioni sociali e culturali della cittadinanza. L'impegno civico, l'azione civica e le pratiche partecipative rappresentano la dimensione tangibile della cittadinanza, il criterio discriminante e indiscutibile della linea di demarcazione tra democrazia e autoritarismo.

Pertanto, basandoci sulla nostra capacità di resilienza di fronte all'instabilità politica che caratterizza il nostro paese in questa fase storica e sfruttando l'esperienza e l'expertise sviluppate in precedenza in Italia, abbiamo cercato di avviare un approccio transdisciplinare e intergenerazionale finalizzato alla creazione di partenariati, collaborazioni e cooperazioni sia con le istituzioni locali che con altre organizzazioni della società civile, al fine di avere un impatto duraturo sulle realtà locali.

Le sfide e le difficoltà che abbiamo incontrato lungo questo percorso sono state molteplici. Sia a livello interno all'organizzazione stessa, nella definizione delle strategie e delle modalità d'azione, sia a livello esterno nel contatto con gli abitanti del quartiere o nell'interazione con le istituzioni locali o ancora nel contesto delle partnership tra associazioni. La diffidenza, la mancanza di fiducia e la resistenza al cambiamento sono stati tra i principali problemi che abbiamo dovuto affrontare, analizzare e superare per garantire l'accettazione e l'appropriazione da parte del nostro pubblico target dei progetti che proponevamo e garantirne la sostenibilità nel lungo termine.

Adottare la transdisciplinarità e il dialogo costruttivo delle conoscenze e delle competenze, accogliere la diversità intergenerazionale all'interno dell'associazione e lavorare per favorire la trasmissione tra le generazioni, creare alleanze con le istituzioni locali e le altre associazioni del territorio sono i quattro principi guida che ci hanno permesso di evolverci, imparare e perseverare in un contesto comunque mutevole, instabile e talvolta fortemente resistente al cambiamento.

Bibliografia

Bellamy, R., Castiglione, D., & Santoro, E. (2004). *Lineages of European citizenship: rights, belonging and participation in eleven nation-states* (pp. 1-235). Basingstoke: Palgrave Macmillan.

Colombo, E.; Romaneschi, L.; Marchetti, C. (2009). *Una nuova generazione di italiani. L'idea di cittadinanza tra i giovani figli di immigrati.* Milano: Franco Angeli.

Dahmani, A. & Saidani, C. (2020). *L'empowerment citoyen des jeunes bénévoles tunisiens est-il en marche? Une* étude *exploratoire.* Management international / International Management / Gestiòn Internacional, *24*(3), 115-128.

Fish, M., & Lussier, D. (2012). "Indonesia: The Benefits of Civic Engagement". Journal of Democracy, vol. 23, no. 1, pp. 70-84.

Hagi A. (2015). La naissance du mouvement antiraciste tunisien: nouvelles pratiques militantes à travers les réseaux sociaux. Une étude qualitative. Rime – Rivista dell'Istituto di Storia dell'Europa Mediterranea, vol. 15/1; p. 11-32.

Haste, H. (2004). Constructing the citizen. Political Psychology, 25 (3), 413-439.

Isin, E. F., & Wood, P. K. (1999). *Citizenship and identity* (Vol. 448). Sage.

Leca, J. (1991). Individualisme et citoyenneté, in P. Birnbaum et J. Leca Dirs., Sur l'individualisme, Paris, Presses de Sciences Po.

Lister, R. (2007). Inclusive citizenship: Realizing the potential 1. Citizenship studies, 11(1), 49-6.

Lussier, D. N., & Fish, M. S. (2012). Indonesia: The benefits of civic engagement. Journal of Democracy, 23(1), 70-84.

Medici, A. M. (2015). *Il voto in Italia dei "tunisini all'estero" Cittadinanze cross-border e partecipazione politica nel Mediterraneo.* p. 85-102, CISALPINO, Monduzzi Editoriale S.r.l.

Mejri O. & Hagi A. (2013). *La rivolta dei Dittatoriati.* Messina: Mesogea.

Melliti I. (1994). Sociologie de la Tîjâniyya de Tunis : la sainteté entre scripturalité et socialité dévotionnelle. Correspondances. Centre de documentation Tunisie-Maghreb, 17, pp.3-8.

Raniolo, F. (2007). *La partecipazione politica.* Bologna: Il Mulino.

Rogers, A. (2016) "115 million girls ...": informal learning and education, an emerging field. In McGrath, S., & Gu, Q. The future of international education and development research. Routledge Handbook of International Education and Development, pp. 260-275.

Schmidt V. (2006). Democracy in Europe. The EU and National Polities. Oxford: Oxford University Press.

Integrazione delle dimensioni materiali e immateriali nello sviluppo urbano sostenibile. Un'esperienza di Ricerca Azione Partecipativa Transdisciplinare (RAP-T) in un quartiere di Firenze

Stefania Vitali

stefaniavitali.architetto@gmail.com

Sintesi

Il contributo presenta un'esperienza di Ricerca Azione Partecipativa Transdisciplinare (RAP-T) per l'implementazione di un approccio complesso nella pianificazione urbanistica di Novoli, un quartiere di Firenze. Partendo dall'indagine dei livelli multidimensionali della realtà, la ricerca cerca di capire come possono essere integrate le dimensioni del tangibile e dell'intangibile per realizzare lo sviluppo locale sostenibile di Novoli. Il processo partecipativo passa attraverso cinque fasi (identificazione del problema, analisi, ipotesi, verifica, valutazione) che permettono di prendere gradualmente coscienza delle complesse implicazioni che ruotano intorno all'importanza degli aspetti immateriali e delle conoscenze radicate nella vita comunitaria in quel luogo. Durante il processo, quindi, partendo dalla percezione dei luoghi, i partecipanti hanno riformulato collettivamente i termini individuali, aumentando gradualmente il grado di comune consapevolezza. Hanno trasformato la percezione soggettiva nella capacità di elaborare soluzioni tangibili, dando forma a un pensiero sensibile.

Parole chiave

Progetto urbano partecipato; Ricerca Azione Partecipativa Transdisciplinare; Saperi tangibili e intangibili; Inclusione di nuovi punti di vista; Intelligenza relazionale

Problemi di partecipazione e rigenerazione urbana

Oggi i progetti di trasformazione di porzioni di città coinvolgono nel processo una molteplicità di soggetti e finanziamenti pubblici e privati, cercano polarità e gerarchie funzionali e assiali, studiano flussi e mobilità, assegnano quantità edificatorie, analizzano gli impatti ambientali e i rischi. Tutto il processo viene controllato dal lavoro di Amministrazioni, tecnici e urbanisti che si muovono all'interno di un solido apparato normativo con l'intento di produrre una visione pianificatoria che ingeneri una trasformazione sostenibile e migliorativa, sulla base di previsioni che la disciplina urbanistica evince studiando esempi virtuosi del passato e buone pratiche, tentando una mediazione tra le esigenze di investitori e dell'Amministrazione. Gli amministratori, dal canto loro, negli ultimi decenni hanno tentato di introdurre pratiche partecipative per cercare di raccogliere i *desiderata* dei cittadini. In effetti, gran parte della recente letteratura attribuisce alla partecipazione il compito di coinvolgere i fruitori finali (o parte di essi), dar loro voce e considerazione, rendendoli corresponsabili con il fine di generare consenso attorno al progetto: il grande limite che chi scrive ha potuto osservare nei percorsi partecipativi e percorsi di ascolto si può ritrovare principalmente in due aspetti.

Il primo è che i processi partecipativi si rivolgono a cittadini che hanno visioni individuali differenti e non chiare, consapevoli di non avere gli strumenti adatti per discernere gli sviluppi delle scelte da operare; alle volte gli abitanti di un territorio sviluppano nel tempo una abitudine al disagio dovuto al vivere in ambiti urbani degradati e fragili, ritenendo il disagio un effetto collaterale inevitabile.

Il secondo aspetto è che l'Amministrazione dal canto suo trova l'insieme delle richieste dei cittadini nebuloso e difficile da soddisfare in modo univoco. La complessità della gestione di un territorio necessita invece di posizioni chiare e scelte ferme ed è qui che inevitabilmente il percorso partecipativo si arresta, demandando alla fine totalmente l'operazione progettuale alla conoscenza disciplinare che i tecnici detengono, alla quale si chiede l'arduo compito di rispondere a tutta la complessità che un territorio contiene. Per quanti sforzi le Amministrazioni facciano per accogliere le istanze dei cittadini, l'intervento pubblico attua una politica verticistica del processo decisionale. Facendo una sintesi, si vede come la conoscenza disciplinare dei tecnici in stretto rapporto con l'Amministrazione e gli investitori da una parte, e l'esperienza del vivere un determinato luogo dei cittadini dall'altro, crea due differenti posizioni che nella pratica permangono distinte. La buona riuscita della trasformazione della città è affidata dunque alla capacità dei tecnici di formulare una visione pianificatoria capace di generare o rigenerare la città, affidandosi a pratiche virtuose e conoscenze disciplinari.

Il contributo di seguito sviluppato descrive un'esperienza di Ricerca Azione Partecipativa Transdisciplinare (RAP-T) condotta dalla Cattedra Transdisciplinare Unesco "Sviluppo Umano e Cultura di Pace" nel quartiere di Novoli a Firenze e realizzata nel 2019. Lo scopo del lavoro attraverso il percorso di RAP-T è stato quello di perseguire l'obiettivo della educazione alla cittadinanza terreste con un processo di educazione non formale di un gruppo di adulti, abitanti di Novoli, un quartiere a nord-ovest di Firenze, e di alcuni architetti e paesaggisti.

Il quartiere di Novoli: la rete locale e universitaria

Il quartiere di Novoli nasce negli anni '60-'70 del secolo scorso da una pianificazione con una forte matrice speculativa. Le "scelte progettuali" disorganizzate e incoerenti che hanno generato il quartiere, hanno prodotto un brano di città prevalentemente monofunzionale (residenziale) e con una forte carenza di servizi e esercizi di vicinato. La mancata visione pianificatoria ha prodotto un'architettura indifferenziata che ingloba e soffoca manufatti ed edifici di interesse storico-culturale. Le aree verdi interstiziali sono inaccessibili, maltenute, non attrezzate. Il degrado percettivo dello spazio urbano è diffuso e accentuato dalla mancata manutenzione del manto stradale delle strade di vicinato. Il tessuto stradale è "materiale di risulta" di lottizzazioni concesse a privati che, senza criterio, si intersecano creando vicoli ciechi e triangoli di verde inaccessibile inclusi tra le recinzioni di proprietà diverse. L'assenza di strade e di spazio pubblico tra spazi tutti privati, ha determinato il conseguente degrado dovuto all'assenza di manutenzione pubblica, mancando la "proprietà pubblica".

I soggetti coinvolti nell'esperienza di RAP-T sono stati oltre la Cattedra CTU, l'Associazione di cittadini Novoli Bene Comune, un gruppo di ricercatori e docenti universitari dell'Unità di ricerca PPcP (Landscape, Cultural Heritage, Project) del Dipartimento di Architettura dell'Università di Firenze e il Comune di Firenze come interlocutore istituzionale. L'unità di ricerca di

Architettura e l'associazione di cittadini hanno voluto promuovere un percorso partecipativo che permettesse loro di dare più forza al concetto di sviluppo sostenibile del territorio ampliando i confini di indagine e di ricerca dei tre meta-progetti sviluppati da un gruppo di ricercatori del PPcP per il Quartiere di Novoli: il Mercato, il Verde e le Strade. Con il percorso di RAP-T si è voluto indagare il rapporto tra saperi disciplinari e saperi personali, tra i saperi tecnici che misurano e quantificano la realtà nella sua dimensione tangibile e i saperi del sentire e del pensare (sfera intangibile) nello sviluppo sostenibile locale.

Il ribaltamento della prassi operativa di un progetto urbano: dalla dimensione intangibile al tangibile

Il percorso parte da un sostanziale ribaltamento della prassi operativa di un progetto urbano. Come sopra descritto il progetto urbano viene preceduto dalla fase di analisi dei dati, della forma, degli assi, delle criticità, dei rischi e punti di forza, assumendo come base imprescindibile lo studio della forma urbana e delle implicazioni funzionali e di relazione tra le parti. Di fatto, la base dello studio parte dalla forma fisica e dalle funzioni dello spazio (la sua componente tangibile) per poi arrivare al punto in cui si studiano le possibili ricadute che una scelta progettuale produce in termini sociali, relazionali, di qualità di percezione e di fruizione, ricercando uno schema capace di ingenerare benessere in chi ci vive e ne fruisce. Il percorso di RAP-T invece ribalta completamente l'approccio. L'oggetto da cui l'analisi parte è la dimensione intangibile, qui intesa come l'insieme di conoscenze derivanti dall'esperienza profonda dei luoghi descritta da chi li vive, dalle percezioni, sentimenti e pensieri degli abitanti. Non solo. Il gruppo misto di architetti e residenti viene chiamato ad interagire fin dall'inizio affidandosi ad un nuovo approccio: lavorare sui significati delle narrazioni. Le competenze specifiche dei tecnici non servono, perché non si tratta di lavorare al progetto urbano, ma di sviluppare un percorso di maturazione reciproca umana e personale. Si spingono i partecipanti a riflettere sulle proprie e altrui percezioni e sentimenti, sul significato delle parole, si lavora categorizzando e sistemando i concetti, i rimandi, le associazioni. Si lavora sull'intangibile scandagliando il potenziale conoscitivo sensomotorio, emozionale e razionale della mente (PoSER: Orefice, 2020). Il complesso lavoro svolto si sviluppa come processo conoscitivo che condurrà al termine del percorso alla definizione di un progetto urbano (tangibile) che integri in sé le categorie dell'intangibile.

Le prime due fasi della RAP-T. La realtà multidimensionale e l'inclusione di nuovi punti di vista

Durante la prima fase del percorso partecipativo, dunque (Fase I - Individuazione del problema) per prima cosa è stato definito il tema oggetto di studio: dimensioni tangibili e intangibili dello sviluppo sostenibile, per poi formulare il problema su cui interrogarsi: "Perché e come si integrano la dimensione tangibile e quella intangibile nello sviluppo sostenibile nel rapporto tra sviluppo locale di Novoli e sviluppo planetario?" Per procedere dando risposta a questa domanda si sono collezionati i racconti della vita nel quartiere di Novoli, punti critici, percezioni e memorie. Dalla discussione collettiva si individuano le parole-chiave, impostando una riformulazione dei concetti discussi attraverso un brainstorming con particolare focus sulla relazione tra patrimonio tangibile e intangibile ed assegnando ad esse le aree di appartenenza alle categorie Tangibile e Intangibile oggetto della RAP (Fase II a - Analisi empirica: Tabella 1).

Tabella 1. Classificazione delle Parole-chiave rispetto alle categorie

TANGIBILE	INTANGIBILE	MISTO
Benessere	Benessere	Comunità
Spazio fisico	Armonia	Identità
Spazio misurato (quantità)	Disagio	Magia dei saperi
Quantità di verde	Ciò che non è misurabile	Educare/formare
Fruizione del verde	Dimensione individuale	Maieutica
Accessibilità	Dimensione collettiva	Vivere bene
	Bellezza	Qualità
	Percezione	
	Pregiudizio	
	Ragione	
	Emozione	
	Immaginario	
	Idea/percezione del 'verde'	
	Amore	
	Bisogni/desideri	
	Bene comune	

Fonte: elaborazione dell'autore

Una volta conclusa la fase, si è proceduto all'individuazione delle macroaree disciplinari a cui ogni voce appartiene. Il risultato ottenuto ha reso chiaro da subito una netta distinzione nella categorizzazione filtrata dall'analisi disciplinare: la dimensione tangibile afferisce a tutto ciò che misura la realtà in termini quantitativi, con scienze, ricerche e discipline che se ne occupano, prioritariamente afferenti all'architettura; la dimensione intangibile afferisce a tutto ciò che non è misurabile e che esprime direttamente l'essere umano in quanto tale (Fase II b - Analisi disciplinare: Tabella 2).

Tabella 2. Individuazione delle macro-aree disciplinari

TANGIBILE		INTANGIBILE		MISTO
Benessere	**MD**	Benessere	**SU**	Comunità
Spazio fisico	**ARCH**	Armonia	**SU**	Identità
Spazio misurato (quantità)	**ARCH**	Disagio	**MD**	Magia dei saperi
Quantità di verde	**ARCH**	Ciò che non è misurabile	**MD**	Educare/formare
Fruizione del verde	**ARCH**	Dimensione individuale	**SU**	Maieutica
Accessibilità	**ARCH**	Dimensione collettiva	**SU**	Vivere bene
		Bellezza	**SU**	Qualità
		Percezione	**SU**	
		Pregiudizio	**SU**	
		Ragione	**SU**	
		Emozione	**SU**	
		Immaginario	**SU**	
		Idea/percezione del 'verde'	**SU**	
		Amore	**SU**	
		Bisogni/desideri	**SU**	
		Bene comune	**MD**	

Fonte: elaborazione dell'autore
MD: MultiDimensionale; ARCH: Architettura; SU: Scienze Umane

La riflessione collettiva, organizzata e libera, ha avuto lo scopo di discernere i significati densi, compararli per sviscerarne la natura multidimensionale. Si è poi proceduto ad individuare i concetti-origine dai quali gli altri discendono. Rileggendo le iniziali categorizzazioni alla luce del percorso analitico e conoscitivo svolto, si è individuato come concetto-origine il Benessere o il suo contrario (Disagio), declinato nelle varie accezioni che può avere il termine: fisico (afferente alla medicina), psicologico (afferente alla psicologia), sociale (afferente alle scienze sociali e umane). Il disagio è generato dalla percezione, dal conseguente scatenarsi delle emozioni a seconda che i bisogni/desideri risultino soddisfatti o meno.

Già durante questa prima fase di analisi, il confronto ha imposto ai partecipanti la necessità di lavorare sul significato profondo di essere uomini e donne che per comprendersi reciprocamente dovevano attingere al proprio e all'altrui bagaglio di saperi personali, collettivi, culturali. *Le specifiche discipline non erano capaci da sole di definire un concetto.* Si è delineato sempre più forte tra tutti i partecipanti la consapevolezza che un singolo concetto-chiave si configurava come "contenitore" di significati ciascuno indagabile da più discipline, che ogni parola-chiave, ogni concetto espresso conteneva significati, categorie, afferenze molteplici. Non solo. Il gruppo ha lentamente abbandonato la contrapposizione ingenerata dal ruolo che di solito si ha quando un esperto in una certa disciplina si relaziona a chi ha bisogno del suo sapere tecnico. Qui non era la realtà oggettivata da un solo punto di osservazione disciplinare ad essere indagata, ma la realtà soggettivo/collettiva del vivere accomunati da uno spazio fisico. *La relazione interpersonale, perfettamente orizzontale, abbatteva la contrapposizione delle parti, includendo nuovi punti di vista.*

I saperi personali propri di ciascuno e i saperi disciplinari che venivano in qualche misura condivisi in quella sede, interconnessi con le categorie psico-sociali dei concetti dell'intangibile, hanno portato il confronto ad uscire dallo schema chiuso di una sola disciplina portando il potenziale del sentire e del pensare a relazionarsi con la realtà complessa, all'interconnessione delle discipline nell'interpretazione dei problemi complessi della realtà. Incontro dopo incontro lo sforzo del gruppo ad "ascoltare" sollecitava la capacità di pensare alla complessità dell'oggetto-città senza mai potersi allontanare dalla narrazione del "sentire" (queste erano le indicazioni della RAP). Riportando continuamente e ricorsivamente l'attenzione sul significato del "vivere" in un luogo e non "stare" in esso.

Minimo comun denominatore, infatti, erano le implicazioni emozionali, le percezioni, la conoscenza "senso-motoria" che via via sempre più nel dettaglio venivano descritte e condivise, portando lentamente ad una lettura empatica dell'esperienza degli abitanti di Novoli da parte di tutto il gruppo. La discussione si è lentamente indirizzata a scandagliare dapprima l'emozione cercando di discernere da quali percezioni e stimoli sensoriali discendesse, poi successivamente capire, conoscere, analizzare le ricadute sociali oltre che personali che determinate caratteristiche morfologiche e funzionali del quartiere portavano, per poi ritornare di nuovo alla narrazione dei sentimenti. Questo continuo esercizio di rimandi empatici e profonde analisi di un sentire collettivo/universale (implicazioni culturali comuni e conoscenza senso-motoria) ha condotto ben presto i singoli componenti del gruppo a svincolarsi dalla mera percezione autoriferita ed individualistica per arrivare spontaneamente a parlare di "comunità": da percezione personale a "sentire comune".

Il dibattito ha fatto giungere i partecipanti alla conclusione condivisa che l'accezione più specifica che esprime meglio il concetto di un 'sentire comune' è 'mente sociale'. La mente sociale è stata assunta come l'elemento 'matrice' di tutti i termini precedentemente scelti, e come oggetto di studio di tutte le discipline chiamate in causa nella definizione della categoria dell'intangibile. *L'intangibile, dunque, parte dalla mente sociale* (della comunità di Novoli).

Del sentire comune inoltre faceva parte la percezione di un ambiente urbano poco sicuro e sgradevole dove l'opportunità e il desiderio di vivere il quartiere passeggiando a piedi viene meno. Non solo lo spazio, ma il suo uso veniva qui percepito come fonte di disagio. Si è notato come anche spazi che contengono funzione di ristoro e svago siano assoggettati alla sola logica commerciale e non costituiscano una vera alternativa allo spazio pubblico e di servizio alla comunità. Oltre all'uso dello spazio, esiste a Novoli un problema di gestione dello stesso. Non solo l'uso ma anche la stessa architettura può incutere timore, disagio o spaesamento (mancanza di strutture assunte come punti di riferimento visivo e urbano, landmarks, architettura indifferenziata, carenza di centri, strutture e servizi per la residenza). Si introduce il concetto della città che genera isolamento, disgregazione sociale e conseguente mancanza di etica, di affezione e cura verso il prossimo e verso le cose pubbliche, collettive.

Si puntualizza che lo spazio urbano ed architettonico può accogliere o rifiutare, definire lo spazio di relazione o negarlo, essere spazio amico o non-amico (importanza dei valori morfologici, delle valenze di segni e significati dell'architettura). Architetti e abitanti di Novoli hanno investigato il tema della mancanza dello spazio fisico deputato alla relazione, dando una collocazione temporale alla nascita del problema. La genesi stessa del quartiere, irresponsabilmente mal progettato ha indotto questa condizione, male endemico del quartiere. La pianificazione (o meglio la mancanza di essa), la forma fisica, le politiche economiche, gli usi e la gestione dello spazio urbano sono state dettate da logiche estranee al perseguimento dell'obiettivo di creare benessere nella comunità di Novoli, che non hanno posto l'uomo al centro, ma che piuttosto hanno dato risposta a interessi di natura economica e speculativa.

La terza fase: Ipotesi. La "Magia dei saperi"

Conclusa la fase di analisi si procede con la fase di Ipotesi (Fase III - Ipotesi) con l'individuazione dei temi che consentano di integrare Tangibile e Intangibile, partendo dai concetti chiave individuati nelle fasi di analisi. La chiave di volta, l'elemento che funge da intermediario del percorso che unisce la fase iniziale del potenziale da esprimere, alla fase di realizzazione del prodotto tangibile viene individuata in "La Magia dei Saperi". Si è riconosciuto così l'alto valore del sapere, capace di affrontare la complessità del reale dove l'essere umano viene indagato da più angolature disciplinari, con un lavoro riflessivo sulle precedenti fasi, riconoscendo la ricchezza dell'apporto che i saperi di tutti i componenti del gruppo avevano generato: si è arrivati a rendere manifesto il potenziale trasformativo del percorso svolto. Il processo ricorsivo della creazione di conoscenza sottolinea e supera le barriere esistenti tra i saperi e attiva la capacità della transdisciplinarità di andare oltre, attraversare le discipline e creare collegamenti fino ad accedere ad una forma di approccio speculativo complesso. Viene esercitata l'intelligenza complessa del "pensiero relazionale della ragione che sente" (Orefice, 2020).

Nel lavoro corale della RAP-T, infatti, il gruppo è arrivato ad una progressiva presa di coscienza che lo Spazio Urbano ('spazio fisico' e 'spazio misurabile') definisce tangibilmente lo spazio della comunità o della collettività (distinto dallo spazio privato riservato alla vita personale).

In questa fase è stato più forte l'apporto dei saperi degli architetti progettisti e paesaggisti presenti. La discussione ha creato una vera e propria fusione dei saperi, perché ciò che veniva riportato nel processo che ricorsivamente scandagliava la narrazione degli abitanti era una vera e propria presa di coscienza della forza psico-sociale della forma urbana sull'essere umano. Gli abitanti, infatti, arricchivano il loro bagaglio di conoscenza acquisendo gli strumenti per comprendere quanto forte fosse la ricaduta sulle proprie vite della forma urbana, del paesaggio e della qualità architettonica.

In questa fase tra tutti i partecipanti emergevano riflessioni sui temi universali di *cittadinanza, etica, diversità, identità, appartenenza, relazione.*

Si è fatto strada il concetto di Spazio urbano assunto come *spazio economico, spazio educativo-culturale-relazionale, spazio ecologico.* In tutti i componenti del gruppo nasce la capacità/esigenza di pensare allo spazio urbano come una *realtà multilivello.* Ed è qui che emerge il focus delle carenze del quartiere di Novoli.

La mancanza dello spazio di relazione negli anni '60 e '70, pur innescando pregevoli tentativi di resilienza (fu creata una 'biblioteca di comunità' autogestita e condivisa nel quartiere) ha ostacolato la creazione di una vera e propria comunità di quartiere. Questo fenomeno è poi stato indagato ed intrecciato con la considerazione della mutazione odierna dello stile di vita che fa perdere il carattere "stanziale" degli abitanti più giovani, i quali rispondono a nuove regole improntate sulla flessibilità, nomadismo, cambiamento delle modalità aggregative e comunicative. La città odierna è chiamata ad essere rapida, contaminata, locale e globale, virtuale, schizofrenica, omologata, bulimica. Il quartiere di fatto perde importanza nella vita dei più giovani, i quali rispondono alle nuove regole appena riportate.

Tale valutazione sottolinea un aspetto intangibile molto importante nella costruzione di uno spazio urbano collettivo. Oggi cosa vuol dire vivere in una città, cosa si intende oggi per "comunità civile"? I paradigmi e i valori sociali e comunitari di riferimento stanno cambiando. Come costruire, "fare città" oggi? Cosa dovrebbe avere lo spazio urbano per alimentare l'armonia, la bellezza, combattere il pregiudizio, alimentare l'immaginario, liberare le persone nella propria fantasia? Quale è il "disagio dei sensi" nella percezione urbana? Un benessere psicofisico può cambiare la percezione della città.

A questo punto del percorso cominciavano a farsi strada proposte concrete, si abbandonava la manifestazione del disagio e si sentiva l'esigenza di condividere soluzioni.

Prende piede l'assunto che nella situazione della Novoli moderna si può e si deve lavorare per inserti, lavorare alla minima scala, per micro-interventi. Socialità, identità, appartenenza sono vocaboli densi di significato che, nella proposta di recuperare il valore culturale delle preesistenze storiche, trovano compimento. La discussione è ritornata poi a prendere in esame il concetto di "dimensione collettiva" ribadendo che però, nonostante i tentativi più riusciti degli anni '70, di fatto non è riuscita a creare delle solide basi per il radicamento di una comunità che ha sempre stentato a crescere. Di fatto la mancanza di un vero progetto di città, di una pianificazione urbana ha influenzato molto le modalità di vita e di relazione della popolazione. In questo percorso bisogna capire quali sono gli elementi urbani che possono generare "città" (*civitas*).

La comunità degli anni '70, variamente aggregata si è insediata in giovane età ed è rimasta stabilmente in questo luogo fino ad oggi. In un contesto generale di calo demografico, i nuovi ingressi nella popolazione attuale sono in minima parte giovani e per larga parte stranieri (10%). Sembrerebbe che l'esigenza odierna di un recupero della memoria culturale-storica sia sentito come unica possibilità "aggregante" che va a colmare il vuoto dei riferimenti valoriali di un pensiero collettivo perduto.

La quarta Fase: Verifica. I tre meta-progetti: il Mercato, il Verde urbano, le Strade

Conclusa la fase di ipotesi si procede con l'individuazione dei temi oggetto dei tre elaborati prodotti concernenti il Mercato, il Verde urbano e le Strade per verificare l'integrazione tra Tangibile e Intangibile, riformulando i concetti chiave individuati nella fase di ipotesi per giungere alla fase di verifica del processo andando a realizzare il carattere di ricorsività dello stesso (Fase IV - Verifica).

Allo spazio urbano dedicato al mercato si aggiungono ipotesi di rifunzionalizzazione e riuso introducendo anche categorie di analisi pedagogiche, sociali e politiche. L'area mercatale è concepita come spazio generatore di nuove relazioni per la comunità, con l'intento di promuovere l'integrazione tra chi è arrivato da fuori e chi è residente, armonizzando culture, cibo, saperi e tradizioni mediante l'assegnazione alternata dell'allestimento dei banchi in determinati giorni della settimana ai vari gruppi di diversa origine etnica e culturale e ad iniziative educative e ludico ricreative.

Dall'analisi si evince inoltre che dalla fruizione della strada emerge la gran parte di elementi generatori del disagio. Le sensazioni negative che accompagnano la fruizione dello spazio urbano della strada, la mancanza di riferimenti visivi riconoscibili, un *disconfort* generalizzato nella percezione visiva, di odori e rumori, la poca cura e cattiva manutenzione, accompagnata alla cattiva illuminazione stradale in termini di qualità e quantità di luce, intimoriscono, creano generali sentimenti di paura, malcontento, anonimia, senso di abbandono sociale e istituzionale. In tale contesto il fruitore accelera il passo, si sente respinto, non socializza. La strada, storicamente sede dell'attività e dell'incontro, perde completamente questo ruolo, non è più capace di essere spazio di relazione, diventa luogo ostile. Progettate solo ed esclusivamente per le automobili, le strade perdono la "misura d'uomo". Si auspica un ribaltamento concettuale dove la scala di progetto delle strade si riappropri della dimensione umana e venga concepita per i cittadini, oltre che per le auto. Il disincentivo alla fruizione pedonale ingenera fenomeni sociali disfunzionali e senso di estraniamento. Si discute sulla necessità di ampliare la larghezza dei marciapiedi, lavorare sull'introduzione di micro-progetti diffusi qualificanti spazi con studio attento di pavimentazioni e arredo urbano, luce ed produzioni d'arte come elementi puntuali, marcatori attrattivi, segni che caratterizzino e orientino percettivamente e visivamente. Lavorare per qualificare tutti gli elementi che insistono sulle strade, con il lavoro congiunto sullo studio del verde per il verde interstiziale esistente e di progetto, sugli alzati degli edifici, sull'introduzione di totem informativi sul patrimonio esistente, sullo studio dei percorsi sicuri e la mitigazione di elementi di disturbo percettivo. Un lavoro di riconnessione del tessuto urbano e delle sue relazioni che crea continuum attraverso il quale rafforzare e nutrire il benessere della comunità, veicolando il sentimento di affezione attraverso la visione empatica del paesaggio urbano. La nostra capacità empatica, indagata a partire sin dalla teoria dell'Einfühlung di Vischer e Lipps nei primi del Novecento, è generata dagli stati emozionali che scaturiscono dalle sensazioni corporee e lega l'osservante in maniera profonda all'oggetto osservato dal quale sembra fluire il sentimento.

Una centratura del problema reale, non senza le discipline ma con esse andando sempre oltre. È stata la fase nella quale le discipline facevano da corollario, in un processo ricorsivo che si autoalimentava mantenendo la centratura sull'essere umano.

Nello svolgimento della discussione collettiva si è cercato di investigare il tema della mancanza dello spazio fisico deputato alla relazione. Da qui si individuano nel lavoro collettivo le cause del progressivo depauperamento dell'anima collettiva: mancanza di scambio, incontro e conseguente disgregazione sociale non provengono dunque solamente dalla mancanza di servizi, ma della perdita del fattore Relazione che definisce lo Spazio Urbano che imprescindibilmente dovrebbe avere. Il privato, infatti, non riesce a trovare fuori di sé il suo completamento nell'altro (Bauman, 2000), quindi sempre più si chiude in un atteggiamento individualistico (e non riconosce la matrice sociale del luogo pubblico).

La quinta fase: Valutazione. Il ruolo del pensiero sensibile nella centratura delle azioni in risposta alla complessità della realtà locale

A fine percorso tutti i partecipanti hanno sottolineato una sostanziale modifica del modo di *pensare* al quartiere di Novoli (Fase V - Valutazione). La natura ricorsiva del processo che muove dal sentire comune alla ragione e viceversa, ha innescato un allargamento di prospettiva di visione cercando soluzioni che rispondessero alle specifiche ragioni sociali, architettonico-urbanistiche, psicologiche, culturali, pedagogiche, ecologiche, ecc. mantenendo la centratura sulla realtà locale e sul patrimonio di risorse umane di Novoli. Sentirsi gli attori principali del cambiamento, l'essersi appropriati di conoscenze specifiche e avere identificato con esattezza la modalità con cui poter dare risposta al loro sentire, ha generato negli abitanti soddisfazione e, soprattutto, la volontà di farsi carico in prima persona delle azioni necessarie per dare forma tangibile al progetto Novoli. Attualmente la presa in carico dei risultati del percorso da parte dei partecipanti consiste nel portare avanti iniziative culturali e di confronto con l'Amministrazione sui temi sviluppati, arrivando a far approvare il progetto del mercato e incentivando la valorizzazione degli edifici storici attraverso la sinergia di istituzioni culturali che hanno promosso convegni, eventi culturali e mostre *in loco*. Il percorso di RAP-T con un forte valore trasformativo e formativo ha attivato i partecipanti, rendendoli perfettamente consapevoli che ciò che veniva proposto coglieva appieno l'essenza del "vivere" a Novoli e che le azioni proposte attraverso l'aggiornamento dei nuovi contenuti dei tre meta-progetti erano e sono una perfetta integrazione delle dimensioni Tangibile e Intangibile. Effettivamente come recita la Convenzione Europea del Paesaggio: «il paesaggio rappresenta un elemento chiave del benessere individuale e sociale, [...] (Preambolo)», il benessere non è solo legato al raggiungimento della soddisfazione estetica e fisica legate ai sensi, ma comprende un aspetto sociale «[...] in quanto componente essenziale del contesto di vita delle popolazioni, espressione della diversità del loro comune patrimonio culturale e naturale e fondamento della loro identità (Art. 5)».

Da qui, sorge un importante aspetto che parlando di paesaggio non può essere trascurato. Porre l'attenzione sulla necessità di azioni partecipative/formative indirizzate alla comunità urbana, in un'ottica di condivisione e promozione dei temi culturali fondanti il patrimonio materiale e immateriale della città vissuta, potrebbe contribuire a far acquisire competenze utili a 'vedere con occhi nuovi', a far rifermentare l'affezione verso il proprio luogo di vita. Non solo la visione dell'individuo isolato, ma la 'visione' radicata all'interno del patrimonio culturale di una comunità che opera con un'attività di semplificazione e filtraggio dovuta alle pratiche coordinate di gruppi di persone e ai processi sociali internazionali (Lynch,1988).

La partecipazione qui proposta non è tanto una raccolta dei *desiderata* dei cittadini, ma piuttosto un percorso formativo e trasformativo comune, che da una parte deve rendere i fruitori consapevoli del patrimonio tangibile e intangibile in cui vivono, dall'altro forzare amministrazioni, tecnici, architetti e urbanisti verso soluzioni che nascano dalla vera centratura dei problemi complessi espressi, di ordine sociale, relazionale, ecologico. La conoscenza e la consapevolezza dei beni comuni da tutelare, la capacità di cogliere aspetti comunitari derivanti dall'affezione dei cittadini verso i luoghi di relazione, abitati o visitati, aiutano a cogliere le valenze estetiche e la carica evocativa di uno spazio dove il benessere del corpo, dei sensi e della mente relazionale venga massimizzato fino a confluire in un sentimento di piacere ed ammirazione.

È necessario operare non solo verso lo sforzo di tutelare e valorizzare i luoghi fisici, ma anche di incentivare una politica di ri-umanizzazione delle città, recuperando la capacità di ri-generare il sentimento poetico che, a ben vedere, è la vera matrice del paesaggio.

Bibliografia

Bauman, Z. (2000). Liquid modernity, Trans. Minucci. S., Bari: Laterza.

Giro, M. (2017). La globalizzazione difficile. Ridisegnare la convivenza al tempo delle emozioni, Milano: Mondadori Università.

Morin, E. (2011). La Voie. Pour l'avenir de l'humanité, 2011; trad. di Susanna Lazzari, La via. Per l'avvenire dell'umanità, Milano: Raffaello Cortina.

—, (2016). Sur l'esthétique, trad. di Francesco Bellusci, Sull'estetica, Raffaello Cortina, Milano 2019.

Lynch, M. (1988). The externalized retina: Selection and mathematization in the visual documentation of objects in the life sciences. Hum Stud 11, 201-234. https://link.springer.com/article/10.1007/BF00177304

Orefice, P. (2014). Ciudadanía emancipada a través de la Investigación Acción Participativa en la búsqueda de nuevos paradigmas de Desarrollo Humano, USACH, Santiago/FUP, Florence, (ebook).

—, (2015). The Pedagogical model of Participatory Action Research, in AA.VV., Lifelong learning devices for sustainable local development: the study circles experience in the crossborder area Italy-Slovenia, Pisa: ETS.

—, (2020). Lo sviluppo delle discipline. Dall'indistinzione alla complessità, Firenze: Firenze University Press.

Orefice, P. Mancaniello, M. R. Lapov, Z. Vitali S. (a cura di), (2019) "Coltivare le intelligenze per la cura della casa comune. Scenari transdisciplinari e processi formativi di Cittadinanza terrestre" Lecce: Pensa Multimedia.

Vitali, S. (2019) "Rigenerare lo spazio pubblico nell'Oltrarno fiorentino: le valenze immateriali nella strategia di tutela e valorizzazione del patrimonio" in P. Orefice, M. R. Mancaniello, Z. Lapov, S. Vitali (a cura di) "Coltivare le intelligenze per la cura della casa comune. Scenari transdisciplinari e processi formativi di Cittadinanza terrestre" Lecce: Pensa Multimedia.

—, (2021) "Multidimensionalità del paesaggio. Una lettura transdisciplinare" in P. Puma, S. Bolletti (a cura di) " Paesaggi abitati: dalla percezione al sistema complesso" Firenze: Edifir.

Capitolo 7

Sviluppo del processo formativo sostenibile delle nuove generazioni di cittadini della Terra. Testimonianza di un'esperienza didattica di Ricerca Azione Partecipativa Transdisciplinare (RAP-T) in una classe della scuola primaria in Italia

Enza Varagone

enza.varagone@gmail.com

Sintesi

Con il mio contributo narro il flusso metodologico della RAP-T attraverso alcuni esempi tratti da un'esperienza formativa (La casa nell'albero. Quali elementi di vita sostenibile? Verso un curricolo transdisciplinare) avviata in una classe prima della scuola primaria, svolta nell'anno scolastico 2020/2021, durante il periodo storico caratterizzato dalla pandemia da Covid -19 e presentata al 3CMT. L'attenzione del gruppo classe si concentra nel trovare elementi di vita sostenibile intorno, dentro, fuori, sopra e sotto uno degli alberi presenti nel giardino della scuola. Tra l'albero e il gruppo si instaura un legame che unisce due elementi tra loro opposti: è il senso di cura, quale "Terzo Incluso" tra i due punti di vista distinti. Il legame di cura favorisce il riconoscimento dei diritti e dei doveri verso tutte le forme viventi e non viventi del nostro pianeta per diventare cittadini della Terra rispettosi, attivi e responsabili. La metodologia dello sfoglio dei saperi favorisce l'intreccio delle conoscenze attraverso il processo di ricerca dalla domanda - problema alle soluzioni sostenibili tangibili e intangibili. Le fasi della RAP-T, infatti, accompagnano il naturale processo di maturazione della conoscenza. La scelta dell'argomento (prima fase) è il momento dell'attesa: la dimensione partecipativa alimenta la passione di scoprire. L'individuazione del problema multidimensionale (seconda fase) fa emergere sia gli aspetti positivi che quelli negativi della vita nell'albero. Durante l'analisi del problema (terza fase) il gruppo costruisce significati confrontandosi con i diversi punti di vista dei compagni, delle compagne e delle materie di studio. Il gruppo, di conseguenza, elabora delle previsioni, formula delle ipotesi (quarta fase) intrecciando gli elementi emersi dall'analisi. In seguito, il gruppo verifica (quinta fase) le diverse scoperte e le probabili risposte che integrano pensiero razionale e pensiero sensibile verso la soluzione del problema. Come punto di arrivo, il gruppo prende a carico la soluzione del problema nelle sue articolazioni valorizzando gli elementi tangibili e intangibili (valutazione: sesta fase).

Evidenzio, inoltre, il ruolo partecipativo di mediatore, accompagnatore e facilitatore dell'insegnante che guida e motiva il gruppo in un percorso di amorevolezza verso l'albero, richiamando diversi aspetti dei 17 obiettivi dell'Agenda 2030. In particolare, il "Goal 15: Vita sulla Terra".

Parole chiave

Intelligenza Complessa; Sfoglio Saperi; Apprendimento Transdisciplinare; Ricerca Azione Partecipativa; Cittadinanza Attiva Sostenibile

Introduzione

Osservare il mondo con gli occhi dei bambini e delle bambine è il primo passo lungo il sentiero della scoperta.

Ho raccontato più volte, in diversi momenti di incontro e confronto tra insegnanti, di quanto l'esperienza professionale come docente di scuola dell'infanzia abbia rappresentato quella finestra aperta sul mondo, quello specchio dove guardarsi e conoscersi, quel terreno da esplorare con curiosità e affettività, scoprendo giocando. Osservando il mondo con gli occhi dei bambini e delle bambine, è nata in me la consapevolezza che non esiste una gerarchia fra le conoscenze. Esse diventano punti di vista che, attraverso l'esperienza, il gioco, permettono di trovare soluzioni e di cogliere la complessità della realtà. Insegno, faccio *didattica interconnessa* e conduco alla scoperta/soluzione/sfoglio di un problema attraverso la connessione delle conoscenze. Inclusione, gioco, partecipazione, esplorazione, confronto, ricerca, curiosità, creatività, entusiasmo, armonia e complessità sono alcuni degli attributi della didattica interconnessa che provo a perfezionare trovando elementi di congiunzione con la Ricerca Azione Partecipativa Transdisciplinare.

Spesso, affacciandomi da quella finestra aperta sul mondo, ho visto un bellissimo paesaggio i cui ambienti raffigurano la bellezza e la sensibilità della natura, la bontà dei suoi frutti, la ricchezza e la profondità degli spazi. Oggi, dagli stessi paesaggi si innalza il soffocante grido della paura di vivere un pianeta contaminato e insostenibile a causa degli effetti del cambiamento climatico, della pandemia, delle guerre. Lo scenario che si sta raffigurando richiede una "evoluzione" nel nostro modo di vivere e agire: dobbiamo interrogarci per acquisire la consapevolezza dei problemi del nostro pianeta e dei suoi abitanti, compiere azioni concrete e sostenibili, seguendo un approccio partecipativo. Il compito della scuola, in collaborazione con le famiglie e con le diverse agenzie educative presenti sul territorio, è dunque quello di educare alla cittadinanza attiva, di apprezzare e trasmettere il valore della cura affinché quel grido si trasformi in un canto di gioia.

1. Come può l'insegnante intervenire per favorire lo sviluppo del processo formativo sostenibile delle nuove generazioni di cittadini della Terra?

La metodologia della RAP-T rende flessibile il mio modo di insegnare, progettare e riprogettare: seguo le scoperte concrete di alunni e alunne, favorisco i confronti, sottolineo le risposte, guido alla costruzione dei significati nelle loro diverse dimensioni (ciò che c'è dentro, fuori, sopra, sotto, intorno all'oggetto di studio). Insegno dentro e fuori dall'aula, permetto di toccare con mano i concetti promuovendo la sperimentazione in prima persona. Evidenzio, quindi, la fondamentale e prioritaria attenzione alle curiosità, ai problemi, alle domande poste dai bambini e dalle bambine e al loro desiderio e bisogno di trovare delle risposte e delle soluzioni. Appare, dunque, imprescindibile l'azione mediatrice del docente che, nel rispetto del naturale processo formativo, guida alla costruzione e "incrocio" dei saperi, muovendosi all'interno del rapporto triangolare alunno/alunna-problema-contesto e alimentando l'aspetto emozionale/affettivo, cognitivo/razionale e sensoriale/motorio.

Attualmente, a seguito del passaggio di ruolo, insegno alla scuola primaria dove, pur avendo un ambito disciplinare specifico, guido al superamento dei confini di ogni disciplina per raggiungere la conoscenza unitaria.

Ciò richiede armonia nel transito da una fase del processo di apprendimento all'altra, affinché i saperi acquisiti ed arricchiti diventino saperi produttivi e impiegabili nei diversi contesti di vita.

FIG. 1 INCROCIO TRA I SAPERI E COSTRUZIONE DEI SAPERI PRO-DUTTIVI

La metodologia dello sfoglio dei saperi della RAP-T è "indagativa, operativa e partecipativa" (Orefice, 2014) e può essere applicata ai molteplici livelli e campi della realtà: come i diversi strati della cipolla rivestono e avvolgono il nucleo centrale, così tutti gli aspetti (sociali, relazionali, emotivi, culturali, storici, geografici, scientifici…) di un problema multidimensionale.

Lo "smontaggio" degli aspetti dei saperi (individuali, disciplinari, ambientali/territoriali), attraverso un'azione intenzionale e sinergica, mediata dall'insegnante, consente che essi si alimentino a vicenda per rispondere alla domanda posta dal problema multidimensionale, al fine di coglierne gli elementi tangibili (saperi materiali) e intangibili (saperi immateriali).

Le fasi della RAP-T non seguono una scansione temporale rigida. Esse non sono separate, bensì accompagnano, in maniera fluida e integrata, il naturale processo di costruzione del sapere, nel rispetto delle specificità individuali.

Illustrerò il flusso metodologico della RAP-T attraverso alcuni esempi tratti da un'esperienza di ricerca azione partecipativa tra alunni ed alunne di una classe prima della scuola primaria, svolta nell'anno scolastico 2020/2021 e presentata al 3CMTv.

Il percorso RAP-T ha avuto come titolo "La casa nell'albero. Quali elementi di vita sostenibile? Verso un curricolo transdisciplinare" ed è stato sviluppato durante il periodo storico caratterizzato dalla pandemia da Covid-19, nel rispetto delle regole e delle restrizioni previste dalla normativa (DPCM 7 agosto 2020 e successive modifiche). In tale contesto, è stato necessario, per noi insegnanti, svolgere quanto più possibile attività didattica all'aperto. Decido, così, di avviare il percorso nel giardino della scuola.

Durante l'esperienza, ho osservato costantemente l'atteggiamento esplorativo del gruppo classe, trascrivendone le scoperte e le riflessioni. Calibravo, di conseguenza, la mia azione educativa. In questo modo, creavo un rapporto armonico tra insegnamento e apprendimento, in un clima positivo di confronto e collaborazione tra pari che, agendo in autonomia, costruivano competenze e arricchivano i loro saperi. L'osservazione e l'ascolto sono stati gli strumenti che mi hanno permesso di capire come avviene il passaggio da una fase all'altra del percorso RAP-T: la fusione delle conoscenze (intreccio di saperi) si collegava in maniera naturale alle scoperte, che generavano ogni volta una nuova domanda-problema, fino all'individuazione delle soluzioni sostenibili. Prendeva forma, pian piano, la consapevolezza di essere membri di un'unica comunità, di un unico mondo da rispettare e di cui aver cura. Si ponevano le basi per formare cittadini della Terra responsabili.

2. Quali sono le fasi della RAP-T attraverso cui si sviluppa il processo formativo sostenibile delle nuove generazioni di cittadini della Terra?

Divenire ed essere cittadini attivi della Terra è un processo spontaneo e di interiorizzazione che non può avvenire con la semplice trasmissione di conoscenze e regole, bensì deve stimolare e orientare, scoperta dopo scoperta, fase dopo fase, alla costruzione partecipata e alla trasmissione di *cura*. Solo così si potrà dare vita al senso di convivenza civile e sostenibile.

L'insegnante integra e mette in connessione la dimensione indagativa, la dimensione operativa e la dimensione partecipativa: l'incontro e l'intreccio delle tre dimensioni, durante le diverse fasi dello sfoglio del problema multidimensionale, genera la costruzione di saperi personali arricchiti e competenti.

Prima fase: SCELTA DELL'ARGOMENTO. *Verso il Problema Sensibile Attivante*

FIG. 2 QUADRO RAP-T "LO SFOGLIO DEI SAPERI ATTRAVERSO LE FA-SI"

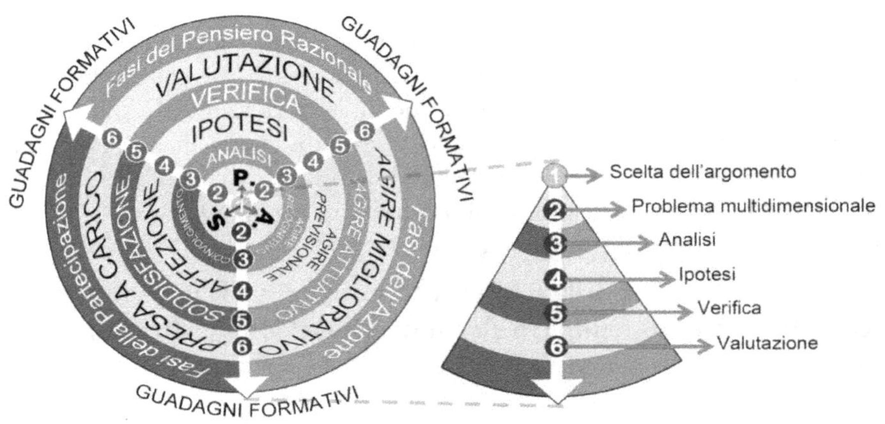

RAPT (Adattamento da © P.O. 2006)

È il momento in cui le varie fasi della RAP-T si incontrano, è il momento dell'attesa: la dimensione indagativa alimenta la curiosità verso ciò che non si conosce e che si vuole scoprire. Questo rende sensibili e attiva l'atteggiamento esplorativo: la dimensione operativa alimenta il desiderio di sapere. Durante l'esplorazione, l'attenzione del gruppo si concentra su un dato argomento: la dimensione partecipativa alimenta la passione di conoscere. Il ruolo dell'insegnante è quello di mediatore e facilitatore per guidare e motivare il gruppo classe all'individuazione del problema.

L'aula si affaccia su un giardino abitato da diversi alberi. È proprio qui che l'attenzione del gruppo classe si concentra nel trovare elementi di vita sostenibile intorno, dentro, fuori, sopra e sotto uno degli alberi presenti nel giardino.

La natura accoglie e abbraccia il desiderio di sapere: gli alunni e le alunne esplorano l'ambiente, osservano, si incuriosiscono e scoprono che nell'albero c'è una casa.

Svolgo con discrezione il mio compito di mediatrice e chiedo loro cosa li incuriosisce. Stimolo il confronto e lo scambio. Le risposte che ricevo rappresentano il canale che mi permetterà di capire quando avverrà il passaggio alla fase successiva:

– Io vedo che queste foglie che sono cadute sono un po' morbide e un po' secche ...
se le stringi troppo, da questa parte secca, si rompono.
– Forse un poco si sono nutrite, poi sono cadute e non si sono nutrite più.
– Per questo sono diventate gialle.
– Secondo me, le ha fatte cadere il vento.
– Oppure un animaletto! Se vai nel bosco e ci sono gli scoiattoli, puoi vedere che
saltano sulle foglie e le fanno cadere.
– Ma poi rovinano l'albero ... gli tolgono tutte le foglie.
– Mica solo gli scoiattoli rovinano l'albero! Ci sono delle persone che fanno delle
cose brutte: spezzano i rami, fanno dei segni con il coltello sul tronco, gli danno i
calci, li bruciano ...

L'argomento nasce, quindi, dalla curiosità del gruppo. Ciò che non si conosce emoziona e coinvolge: diventa il problema.

Seconda fase: IL PROBLEMA MULTIDIMENSIONALE. *Problema Sensibile Attivante*

Questo è il momento in cui le bambine e i bambini si sentono protagonisti: emergono gli aspetti emozionali, operativi, razionali. Il passaggio a questa seconda fase è caratterizzato da un atteggiamento collaborativo: l'interesse del singolo, spontaneamente si unisce a quello del gruppo per dare delle risposte, trovare delle soluzioni e individuare azioni giuste ed efficaci per risolvere il problema.

In questa fase, alimento la curiosità dei bambini e delle bambine lasciando spazio alle loro domande che, scrupolosamente, trascrivo.

Il giorno seguente leggo al gruppo le proprie interrogazioni:

– Perché l'albero è importante?
– Gli animali sono felici nell'albero?
– Che cosa ci dà l'albero?
– Anche l'albero soffre?
– Noi lo possiamo curare?

La riflessione collettiva fa emergere sia gli aspetti positivi che quelli negativi della vita nell'albero:

– L'albero è importante perché ci dà tante cose belle!
– Però, alcune persone lo fanno soffrire perché lo trattano male... se qualcuno mi dà un calcio mi fa male e allora perché devono far male all'albero?

La riflessione evidenzia, inoltre, il pensiero sensibile del gruppo che si attiva nell'approfondire la conoscenza della vita nell'albero e nel definire la domanda-problema: *in che modo l'albero può essere utile per l'ambiente e per gli esseri viventi?*

Traduco la domanda condivisa dal gruppo nel problema multidimensionale: *quali elementi di vita sostenibile ci sono all'interno della casa nell'albero?*

Il problema, avvolto nel suo mistero, attiva un'esplosione di emozioni che si intrecciano tra loro perché animate dal bisogno di risolverlo. L'entusiasmo di immergersi nel nuovo, la meraviglia di trovarsi di fronte alla bellezza della natura, l'eccitazione di poter scoprire ciò che non si conosce profondamente, la speranza e la fiducia nella collaborazione con il gruppo, ma anche la confusione dettata dal fatto di non sapere da dove iniziare né cosa e come fare e l'incertezza di riuscire influenzano il modo di agire. L'istinto e la curiosità, in un tale vortice di emozioni e sensazioni, motivano le azioni e aprono al nuovo.

È questa una fase molto delicata, le motivazioni e le curiosità individuali iniziano ad intrecciarsi con quelle collettive: ogni partecipante esprime il proprio interesse verso un determinato aspetto/sotto-problema e sente il coinvolgimento emotivo crescere in funzione alle sotto-domande formulate dal gruppo.

In tale contesto emotivo e relazionale, l'esplorazione di ciò che non si conosce può far nascere un senso di sgomento, si teme di sbagliare e di commettere errori.

È qui che entra in gioco il ruolo di accompagnatore dell'insegnante che rassicura e motiva il coraggio di sperimentare e sbagliare trasmettendo il valore dell'errore, quale spinta per andare avanti nel ricercare soluzioni più efficaci, agendo da soli o in gruppo, ed evidenziando sempre l'importanza dello scambio, poiché il confronto alimenta la curiosità e il coraggio.

È questo il vortice multiemozionale che promuove la partecipazione attiva e indagativa del gruppo nel cercare azioni risolutive da intraprendere, superando ogni forma di giudizio e pregiudizio.

La vita sostenibile dell'albero diventa una necessità comune: si promuove la formazione di cittadini della Terra rispettosi, attivi e responsabili.

Terza fase: ANALISI. Analisi Ricognitiva Coinvolgente

L'individuazione del problema multidimensionale e dei suoi diversi aspetti, attiva il pensiero sensibile e analitico che, attraverso azioni autentiche e collettive, diventa pensiero esplorativo.

In questa fase il gruppo tende a mettere in comune le conoscenze pregresse, le confronta e costruisce significati. È in questo particolare momento del percorso che l'insegnante integra l'analisi dei dati dell'esperienza dei bambini e delle bambine con l'analisi dei saperi offerti dalle discipline. Continua il suo ruolo di facilitatore e mediatore tra i saperi messi in campo dal gruppo e i saperi delle discipline: essi si alimentano e si arricchiscono a vicenda.

In questa terza fase, accompagno alunne ed alunni nell'accrescere il loro interesse e, per capire quali sono gli elementi caratteristici della vita nell'albero, chiedo loro *"che cos'è un albero?".*

Mi rispondono:

– È una cosa con il corpo di legno.
– È una cosa che vive nella terra.
– È una cosa importante perché dà l'ossigeno ... io lo so perché me l'hanno detto. Non lo so com'è, forse lo studieremo.
– È una cosa che ci fa ombra.
– È una cosa che cresce.
– È una cosa che ti può dare calore quando fa freddo.
– È una cosa che cresce da sotto terra.
– È una cosa grande che esce da una cosa piccola come il seme.
– È una casa per gli animali.
– È una cosa che fa nutrire le persone e gli animali.
– È una cosa lunga, dritta e piena di foglie.
– È una cosa che fa parte dell'ambiente e se la tagli non ne fa più parte.

Le risposte mi permettono di individuare le parole chiave utili per lo sfoglio del problema che, in seguito, saranno arricchite con le scoperte attraverso le specifiche attività transdisciplinari.

Per avere un quadro descrittivo del processo di RAP-T, inserisco le parole-chiave all'interno del mio modello di progettazione dei percorsi annuali. Per la creazione del modello mi sono ispirata all'obiettivo di una macchina fotografica, in quanto questo consente di mettere a fuoco l'elemento che si vuole fotografare tenendo conto di tutti gli aspetti che vi ruotano intorno (luci, ombre, colori, ambienti...) e mantenendo la distanza opportuna tra esso e il piano focale. Allo stesso modo, nel rispetto del mio ruolo di mediatrice, mantengo la distanza appropriata a rendere protagonisti e metto a fuoco il problema, intorno al quale ruotano gli aspetti individuati che, intrecciandosi tra loro, contribuiscono alla sua risoluzione.

FIG. 3 QUADRO RAP-T "SFOGLIO TRANSDISCIPLINARE DEL PROBLE-MA ATTRAVERSO LE PAROLE- CHIAVE"

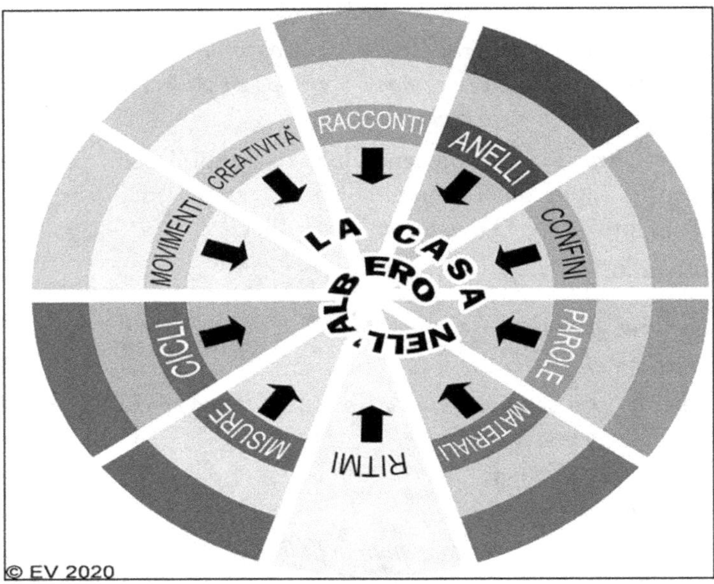

Durante l'analisi dello sfoglio del problema è stato possibile sfogliare in maniera approfondita gli aspetti culturali, sociali, ambientali, biologici, morfologici e fisiologici dell'albero.

In questa terza fase le alunne e gli alunni si sono sentiti maggiormente coinvolti: hanno agito in prima persona per scoprire, conoscere e indagare su aspetti della casa nell'albero.

Ogni singolo aspetto del problema, individuato attraverso la riflessione collettiva, riceve il contributo di tutte le discipline in un approccio transdisciplinare.

Spiego questo passaggio attraverso l'esempio dell'aspetto *movimenti*. Esso richiama un contenuto della disciplina educazione fisica: i bambini e le bambine imitano con il loro corpo i movimenti dell'albero (si piega, dondola, si spezza, cade), ma quale contributo possono dare le altre discipline per approfondire e analizzare l'aspetto *movimenti?*

Apro il confronto tra il gruppo:

— Il movimento può essere raccontato.
— Tu ci dici che le cose che succedono avvengono in un determinato tempo e anche in un determinato spazio … allora anche il movimento!

– Come si dice la parola movimento in tutte le lingue presenti in classe e anche in inglese?
– Ci sono degli elementi che fanno muovere l'albero come il vento o la tempesta! O anche i fattori, come ci aveva spiegato la maestra ... come se siamo più vicini al mare o alla montagna ...
– Quando l'albero si muove fa i suoni... senti le foglie!
– Io mi muovo come l'albero... questa è la posizione di quando si piega!
– E poi si possono anche disegnare le posizioni!

Il pensiero esplorativo si interconnette con l'agire partecipativo: l'analisi diventa coinvolgente e ogni partecipante impara, attraverso la lettura del proprio sentire, a costruire significati anche e soprattutto confrontandosi con i diversi punti di vista dei compagni, delle compagne e delle singole discipline.

Rappresento, con lo schema che segue, l'interconnessione e l'approfondimento dei saperi del gruppo classe con i saperi delle discipline.

FIG. 4 QUADRO RAP-T "SAPERI DEI BAMBINI E DELLE BAMBINE E SAPERI DELLE DISCIPLINE"

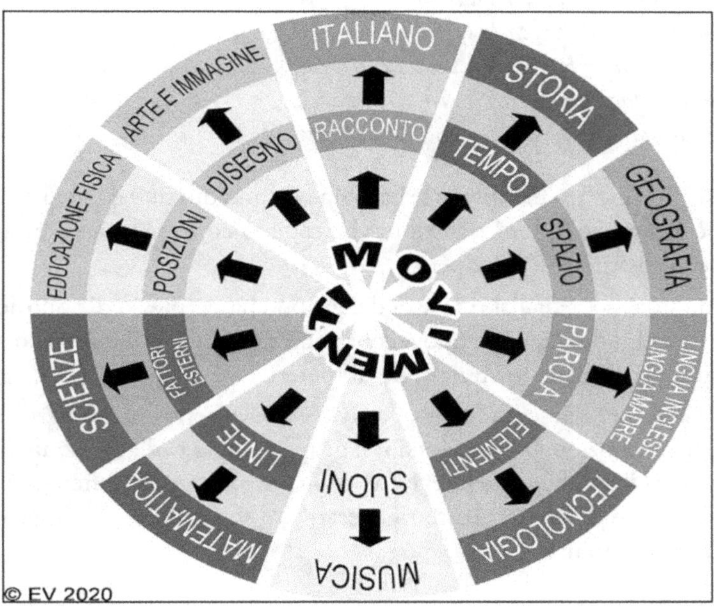

Il compito dell'insegnante è, in questa particolare fase analitica, quello di guidare e accompagnare il gruppo partecipando egli stesso al processo di RAP-T, calandosi nel contesto gruppo-classe e facilitando lo sviluppo di un'intelligenza complessa: sentire, pensare e agire tenendo conto di ogni punto di vista.

Durante l'immersione nel problema, mi accorgevo che le conoscenze, tradizionalmente esercitate in una determinata disciplina, si fondevano, erano *interconnesse* e concorrevano alla sua risoluzione. Ho capito, così, che l'apprendimento dei bambini e delle bambine è transdisciplinare, pertanto l'insegnamento deve adeguarsi ad esso.

In un giorno di pioggia, l'albero si riflette nell'acqua, il riflesso si muove. Ecco che l'aspetto *movimenti* viene osservato da un diverso punto di vista.

—Se guardi il disegno nell'acqua, sembra un albero che si muove e invece sta fermo.
—Perché è l'acqua che si muove un pochino.
—Aspettate, è il vento che fa muovere l'acqua e allora si muove anche il disegno dell'albero dentro l'acqua.
—Guardate, se cade una cosa dentro l'acqua, risucchia il disegno.
—E l'albero si allarga e scompare.
—Scompare solo un pezzo di albero.
—È come quando si spacca lo specchio.
—Quando si rompe lo specchio vedo tanti pezzi.
—Questo non lo vediamo diviso in tanti pezzi.
—È come un grande buco che cancella un pezzo di albero.

Trascrivo ciò che i bambini e le bambine dicono durante il percorso RAP-T perché è attraverso le loro riflessioni che capisco come avviene il processo di ricerca e la costruzione del sapere.

In questo caso, l'analisi riflessiva del gruppo ha permesso di approfondire i diversi aspetti individuati e i nuovi contributi favoriscono il passaggio alla fase successiva, quella della formulazione di ipotesi.

L'educazione alla cittadinanza attiva viene ulteriormente arricchita da nuovi valori emozionali e relazionali: il gruppo impara ad apprezzare l'importanza della collaborazione e interviene con coinvolgimento, interesse e affetto alla costruzione di un ambiente rigenerativo e sostenibile, consapevole della propria responsabilità.

Quarta fase: IPOTESI. Ipotesi Previsionale Affettiva

Dopo aver analizzato gli aspetti del problema, si innesta in maniera armoniosa la necessità, da parte del gruppo, di elaborare delle previsioni, di formulare delle ipotesi partendo dagli elementi emersi dall'analisi. Il pensiero intuitivo diventa amorevolmente previsionale: si crea un tenero attaccamento verso il problema, per cui le azioni si sentono guidate dal sentimento dell'affezione. Si ascolta con benevolenza l'ipotesi dell'altra o dell'altro. Il senso di cittadinanza è adesso particolarmente attivo, poiché l'agire è finalizzato all'adempimento di un impegno comune. Prosegue il ruolo di mediatore e accompagnatore dell'insegnante che guida alla ricerca e costruzione di possibili ipotesi risolutive, le quali, però, si avvicinano al sentire del gruppo.

In questa quarta fase entra maggiormente in campo l'interconnessione delle discipline: l'insegnante ha il compito fondamentale di favorire l'intreccio tra i saperi del gruppo, i saperi dell'oggetto di studio e i saperi delle discipline. È necessaria, quindi, una profonda conoscenza della metodologia RAP-T, in quanto è indispensabile saper guidare all'indagine partecipativa sostenendo e incoraggiando le azioni di ognuno/ognuna che, interagendo tra loro, generano risposte e possibili soluzioni.

Come dimostra Newton, nel *terzo principio della Dinamica,* ad ogni azione uguale o contraria corrisponde una reazione; quindi, se un corpo esercita una forza su un altro corpo, allora anche questo eserciterà sul primo una forza uguale e contraria. Così, in educazione, ogni azione sensibile, individuale o partecipata, produce un nuovo effetto: si costruiscono conoscenze e competenze che generano soluzioni. In tal senso, si crea un legame verso ciò che si sta esplorando, nel caso specifico del percorso, verso l'albero che accoglie, protegge e nutre.

Per chiarire meglio, riporto brevemente il processo di RAP-T tra gli alunni e le alunne durante la fase dell'ipotesi dei diversi aspetti.

FIG. 5 IL CONTRIBUTO DELLE DISCIPLINE NEL PROCESSO RAP-T

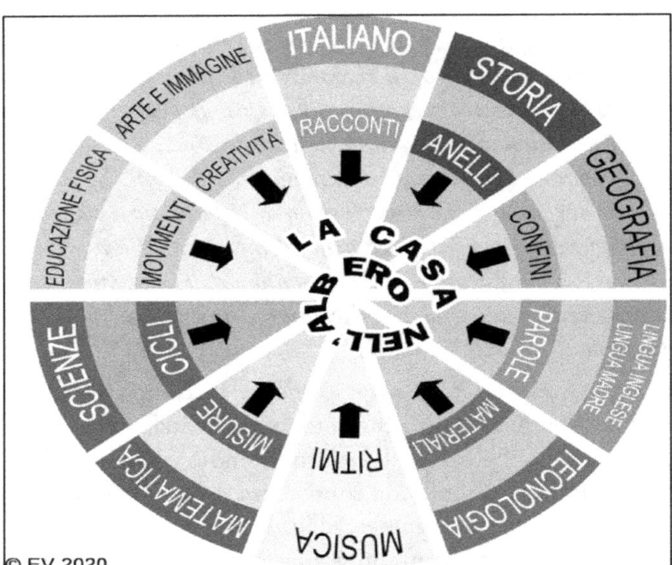

Aspetto "anelli" abbinato alla materia di studio Storia

Osservando un mezzo tronco presente in giardino il gruppo ipotizza:
– *Questi cerchi si allargano quando l'albero cresce.*
– *Servono per far crescere l'albero.*
– *Così sappiamo quanti anni ha se li conti… ma sono tanti.*

La nuova esperienza conferma che apprendere nell'ambiente, complesso e multidimensionale, attraverso l'esperienza diretta, favorisce lo sviluppo dell'identità ecologica e la capacità di fare relazioni tra elementi.

Aspetto "ritmi" abbinato alla materia di studio Musica

Un giorno una bambina disegna un albero come se fosse uno spartito musicale: i rami, come pentagrammi, vengono rappresentati con dei segni che richiamano il suono degli elementi che hanno incontrato esplorando l'albero.

Il suo gioco le ha permesso di capire che il movimento dei rami e degli esseri viventi e non viventi che lo abitano creano una musica diversa. L'albero "suona"…

– Lentamente.
– Forte.
– Veloce.
– Piano.
– Quando le foglie si muovono fanno "Fiuuuuu".
– Invece i rami sono silenziosi.
– Ma ci sono altri suoni … ad esempio gli uccelli che cantano e pure gli scoiattoli che saltano sui rami e fanno un rumore, oppure il picchio che fa "pic pic".

Aspetto "parole" abbinato alla materia di studio Inglese/lingua madre

Sono convinta che la valorizzazione della lingua madre e dei dialetti stimola il confronto e lo scambio, promuove l'inclusione e l'interazione tra culture diverse poiché rappresenta il veicolo per conoscere le tradizioni di ognuno/ognuna. Avere alunni ed alunni appartenenti ad etnie diverse rappresenta una ricchezza per il mio lavoro e per stabilire relazioni positive tra pari.

– Io parla bene cinese… cinese è bello… cinese tutto colori.
– Io so dire delle cose in napoletano, un poco anche in tedesco. In italiano so dire tutto!

Insieme, traduciamo la parola albero nelle diverse lingue e dialetti presenti in classe e in inglese. Riflettiamo e individuiamo somiglianze e differenze tra i diversi accenti, pronunce e segni grafici.

Aspetto "materiali" abbinato alla materia di studio Tecnologia

Un mattino, due bambini abbracciando l'albero scoprono nuove sensazioni tattili ed emotive. Entrano in comunicazione con la natura:

– Sento fresco.
– Io invece sento caldo.
– È bello.
– Perciò i koala sono felici.
– La corteccia è tutta ruvida… non è liscia da nessuna parte.
– Forse perché serve agli animali per arrampicarsi…se è liscia scivolano.

Oltre alle emozioni, scopriamo che l'albero è fatto di materiali utili per gli esseri viventi.

I due bambini raccontano al gruppo le sensazioni che hanno provato abbracciando l'albero. Una compagna domanda: *a cosa serve la corteccia?*

Si formulano delle ipotesi:

— Forse la corteccia serve a mantenere l'albero duro.
— Per coprirlo così si protegge.
— Per non fare entrare nessuno.

Il confronto dirige l'attenzione verso altre componenti dell'albero e sul loro utilizzo:
— Con il legno si possono costruire tante cose.
— Perché con il legno si fa anche la carta.
— C'è anche il midollo che serve a dargli la forza.
— Il midollo serve per farlo crescere.
— Perché il midollo serve a farlo stare dritto.
— Ma non tutti gli alberi sono dritti.
— Se il midollo sta dentro vuol dire che serve per farlo nutrire.
— E il muschio?
— Forse per costruire il nido di qualche insetto microscopico.

Il gruppo propone di rappresentare degli oggetti prodotti dal materiale proveniente dall'albero (sughero, legno…). Insieme, alunni ed alunne, hanno scoperto che l'albero produce materiali fondamentali per gli esseri viventi.

Il pannello che viene realizzato racchiude pienamente i saperi degli oggetti, i saperi dei bambini e i saperi delle discipline.

Aspetto "racconti" abbinato alla materia di studio Italiano

Spesso, i bambini e le bambine incontrano difficoltà a raccontare con le parole o con la scrittura le proprie esperienze ed emozioni. Grazie alla mia esperienza di insegnante, ho capito quanto sia importante e necessario stimolare la creatività e il pensiero ipotetico mettendoli a contatto con i "materiali" che diventano i protagonisti delle storie. I racconti, in questo modo, fanno emergere significati profondi: cosa avviene, potrebbe avvenire o è avvenuto? Con il materiale trovato intorno all'albero, il gruppo racconta eventi che hanno visto durante l'esplorazione e l'osservazione della vita intorno all'albero.

Aspetto "creatività" abbinato alla materia di studio Arte e Immagine

La mia esperienza di insegnante mi ha permesso, inoltre, di capire che il *disegno* rappresenta il *ponte* con le conoscenze e i sentimenti, lo *strumento* per raccontare il mondo interiore dei bambini e delle bambine che spesso non riescono a spiegare con le parole. L'albero diventa la proiezione del loro mondo fantastico.

Un giorno conversiamo e chiedo al gruppo: *come dovrebbe essere l'albero dei vostri sogni? L'albero che vorrei…*

– *Mi abbraccia quando sono triste.*
– *Mi culla quando sono stanco.*
– *Allunga i rami per salvarmi se sto annegando.*
– *Mi copre quando piove.*
– *Produce il vaccino per il covid.*

Alla fine della conversazione, ognuno/ognuna disegna l'albero che vorrebbe.

Aspetto "confini" abbinato alla materia di studio Geografia

Un bambino intuisce che l'albero e i suoi elementi tracciano delle linee per delimitare un confine:
– *Maestra, se disegni l'albero devi fare delle linee … anche per la foglia, i frutti … per tutte le cose. È il confine per dire "questo è il mio territorio"!*
Chiedo al gruppo: *Che cos'è un confine?*
Le risposte non tardano ad arrivare:
– *Sono i bordi.*
– *È una linea che divide e unisce quello che c'è dentro e quello che c'è fuori.*
– *È un contorno.*

Una bambina mi chiede di mostrarle la parte interna dell'albero circoscritta dai confini. Mostro alla Lavagna Interattiva Multimediale un tronco tagliato verticalmente. A turno, osservano da vicino tutti i tratti particolari che lo caratterizzano. Entusiasta, il gruppo decide di tracciare, in base ai loro saperi, conoscenze e ciò che hanno visto, i vari confini dell'albero. Il tronco e gli altri elementi che lo abitano vengono disegnati immaginandoli tagliati verticalmente a metà. In questo modo è stato possibile rappresentare cosa c'è *dentro, fuori, sopra, sotto* e *intorno* alla *casa nell'albero.* Ogni foglia e ogni frutto dell'albero, così rappresentati, diventano un micro mondo all'interno di un altro micro mondo-albero:
– *Con la lente di ingrandimento ho visto i microbi che vivono nelle foglie.*
– *Anche la foglia è come l'albero, cioè ha i confini e tanti animali come i microbi che ci vivono.*
– *Sono un altro mondo!*

Aspetto "cicli" abbinato alla materia di studio Scienze

Durante la ricerca partecipativa, il giardino diventa il luogo della scoperta degli aspetti morfologici dell'albero. L'osservazione diretta di una piccola piantina trovata vicino all'albero, stimola la riflessione: *a cosa servono le radici?* L'osservazione è seguita da rappresentazioni grafiche, ipotesi e confronto:

— Ci sono radici diverse, non sono tutte uguali… se metti tanti semi sotto terra, però diversi, vedrai come sono belle le radici.

Conversiamo e l'indagine conoscitiva sul concetto di radice risveglia l'interesse di tutti e tutte.
— Allora, nel frutto c'è un semino che se lo metti sotto terra fa nascere un altro albero.

Per proseguire la RAP-T in questa fase, porto a scuola dei fagioli. Ne apriamo alcuni e li osserviamo con la lente di ingrandimento:

— Nel seme c'è una mini pianta che esce con l'acqua.
— Forse, nel seme c'è un po› di legno che può crescere.
— Il seme è come un uovo che se gli dai l'acqua si apre.
— Con l'acqua la cosa che sta dentro al seme si scioglie … escono le radici e dentro ci stanno delle cose.
— Le radici hanno la forza per far crescere l'albero.

Il gruppo decide di seminare i semi, propongo di appoggiarli sul cotone bagnato per osservare le varie fasi della crescita. A turno, i bambini e le bambine li innaffiano, ne hanno cura.

Man mano che i fagioli germogliano, scatto delle foto. Ad un certo punto, il lavoro si interrompe a causa della pandemia e della conseguente chiusura delle scuole. Il gruppo classe non può più prendersi cura delle sue piantine. Durante la didattica a distanza, chiedono:

— Maestra, cosa succederà adesso?
— L'acqua che gli abbiamo dato basterà?
Poi ipotizzano:
— Forse le radici ne hanno succhiata talmente tanta che ne usa un po' alla volta
— Forse sì, perché in estate non piove tutti i giorni, eppure gli alberi non muoiono subito!

Con quest'ultimo esempio voglio collegarmi alla fase successiva, che illustrerò dettagliatamente in seguito, attraverso l'aspetto "misure" abbinato alla disciplina matematica: le previsioni vengono verificate, attraverso le conoscenze acquisite e l'azione concreta. Infatti, al rientro a scuola, trasmetto alla Lavagna Interattiva Multimediale quattro foto che rappresentano alcune fasi significative della trasformazione dei semi che abbiamo piantato. L'ultima foto mostra una delle piantine appassite:

— Senza acqua le piante non possono vivere a lungo.
— Sono come noi.

Alunne ed alunni capiscono concretamente che le piantine sono esseri viventi e come tali nascono, si nutrono, crescono, si riproducono e muoiono. Lo hanno verificato.

L'amore, la curiosità, la collaborazione e il confronto sono stati il motore che ha motivato il gruppo classe a riflettere e ad agire nell'ipotizzare soluzioni *giuste* per l'albero:

— -Dobbiamo comportarci bene tutti i giorni per far vivere bene l'albero.
— -Non dobbiamo sprecare la carta, io non strapperò più le pagine del quaderno … nemmeno quelle del quaderno dei disegni a piacere!

Diventare ed essere cittadini attivi e responsabili significa acquisire le buone e corrette abitudini che saranno interiorizzate, pian piano, come buone e corrette pratiche.

Quinta fase: VERIFICA. Verifica Attuativa Soddisfacente

La scoperta di possibili soluzioni al problema multidimensionale, determinata dall'azione partecipativa del gruppo, fa emergere un sentimento di soddisfazione: ogni partecipante mette a disposizione i propri saperi, pregressi e acquisiti, si sente parte di una comunità ed agisce per il bene comune. Con l'espansione di un tale sentimento, altruista e positivo, prende maggiormente forma il cittadino della Terra rispettoso, attivo e responsabile. Bisogna, inoltre, considerare che l'intreccio di saperi, di domande e di scoperte genera situazioni complesse che richiedono una regia professionale e competente: viene chiamato in causa il ruolo dell'insegnante, che orienta il gruppo e lo guida durante le varie riflessioni e i diversi ragionamenti che portano alla verifica.

È in questa quinta fase, interposta tra l'ipotesi e la valutazione, che il gruppo inizia a ripercorrere le fasi precedenti, in particolare i passaggi avvenuti durante la fase dell'ipotesi dove vengono presupposte e immaginate delle soluzioni.

Il gruppo riprende in esame le diverse scoperte e le probabili risposte per testarle e verificarle. In tal senso, è bene ricordare che il fattore tempo, così come durante le fasi precedenti, va organizzato e scandito seguendo il flusso del processo RAP-T, in maniera armonica e flessibile. L'intreccio tra il pensiero razionale e il pensiero sensibile diventa ora la forza motrice che guida verso azioni emotivamente ragionate per risolvere il problema multidimensionale: la partecipazione soddisfatta del gruppo segue per gradi tutti gli aspetti del problema, come se fossero tanti sottoproblemi. L'insegnante partecipa alla sperimentazione delle diverse strategie ipotizzate per verificarne l'efficacia, per mediare le relazioni e lo scambio all'interno del gruppo e motivare in caso di mancata efficacia dell'azione, fino alla soluzione o alle soluzioni produttive ed efficienti.

In questo caso, emergono tutte le emozioni positive: alunni ed alunne non si sentono soli, si sentono affiancati e gioiscono dei risultati ottenuti anche attraverso l'errore. Infatti, esso diventa lo stimolo per riprovare e verificare l'efficacia dell'azione attraverso l'osservazione e il confronto.

Un giorno vedo un alunno mentre metteva in fila dei sassolini. Mi avvicino e gli chiedo di raccontarmi quello che sta facendo.

– Sto mettendo un rametto per fare il numero dieci, poi i sassolini fanno gli altri numeri … così, nove sassi diventano il numero nove oppure otto sassi diventano il numero otto.

Allora, gli domando quanto vale un sassolino. Lui mi risponde:
– Il numero uno e poi conti.

Un compagno gli chiede: *-E come fai per il numero zero?*

Lui riflette un attimo, poi afferma: *-Forse ci metto una foglia.*

La verifica dell'ipotesi promuove lo sviluppo della capacità di utilizzare in altri contesti le conoscenze e competenze acquisite. Infatti, l'intuizione dell'alunno gli permette di toccare fisicamente i numeri: mettendo insieme i sassolini trovati vicino all'albero, ha imparato ad operare confronti, a scomporre il numero con materiali concreti. Mentre verificava le ipotesi sul perché i rametti dell'albero si spezzavano con tanta facilità, cadevano sul suolo ed erano fragili, scopre e verifica che essi possono essere utilizzati come unità di misura: apprende con entusiasmo il valore della costruzione della sua "piramide numerica".

Scatto una foto al suo lavoro e il giorno dopo la trasmetto alla Lavagna Interattiva Multimediale. Inizia la conversazione. Una bambina intuisce che

anche noi possediamo un sistema di numerazione che è rappresentato dalla nostra mano:
– La mano vale il numero cinque perché è formata da cinque dita, due mani formano il numero dieci e ogni dito è un numero.

La scoperta del compagno e le riflessioni che si sono susseguite, entusiasmano l'intero gruppo che, seguendo il modello dell'amico, realizza altre "piramidi numeriche". Due gruppi realizzano una piramide seguendo il sistema numerico in base cinque (Primo gruppo: foglioline per rappresentare i numeri fino a quattro, un rametto per formare il numero cinque a cui aggiungere una fogliolina fino al numero nove, due rametti formano il numero dieci, mentre un sassolino riproduce il numero zero. Secondo gruppo: ghiande per raffigurare i numeri fino a quattro, un sasso per formare il numero cinque a cui aggiungere una ghianda fino al numero nove, due sassi simboleggiano il numero dieci, mentre una foglia riproduce il numero zero) e un terzo gruppo segue il sistema numerico in base dieci ispirandosi alla scoperta dell'amico. Un quarto gruppo incontra delle difficoltà poiché non riesce a trovare le strategie adatte per verificare un proprio sistema numerico. Intervengo e consiglio loro di osservare il lavoro dei compagni e delle compagne: esaminare il lavoro di un altro gruppo non significa copiare, ma significa arricchire e potenziare il proprio sapere attraverso il confronto e lo scambio, facendo emergere quelle idee che spesso non si riescono ad esprimere o a rappresentare perché non si possiedono ancora gli strumenti adeguati (sono bambini e bambine di 6/7 anni). Anche il quarto gruppo realizza la sua piramide numerica: ghiande per indicare i numeri fino a nove, un rametto per formare il numero dieci e una fogliolina per raffigurare il numero zero.

La scoperta dell'alunno entusiasma anche me. Partecipo alla verifica e colgo l'occasione per mostrare loro il sistema di numerazione utilizzato dal popolo Maya. Invento una storia per raccontare di come i bambini e le bambine Maya si divertivano a raccogliere fagioli, chicchi di mais e legnetti per rappresentare i numeri. Poi, concludo dicendo che una bambina Maya ideò un modo per simboleggiare il numero zero utilizzando una conchiglia vuota.

Per il gruppo è importante sapere che altre persone hanno vissuto le stesse esperienze e scoperte: la storia diventa uno strumento per migliorare la propria autostima, per conoscere altre realtà e stabilire una relazione positiva sia con popoli della sua stessa cultura sia con popoli di cultura e tradizioni diverse. Educare alla formazione di cittadini rispettosi, attivi e responsabili, in una realtà caratterizzata da incertezze dovute alle crisi sanitarie, sociali, economiche e ambientali, richiede un approccio pedagogico e didattico che incoraggi le relazioni e la collaborazione, che valorizzi la ricchezza e la bellezza delle diverse culture e tradizioni, passate e presenti: nel XXI secolo lo scambio tra i saperi può avvenire oltre lo spazio e il tempo. È il senso di cura che guida il modo di pensare, di sentire e di agire. Avere cura è anche trasmettere i valori positivi per proteggere e salvaguardare il bene comune.

Sesta fase: VALUTAZIONE. La presa a carico e l'impegno migliorativo della valutazione

Nell'ultima fase si ritorna con attenzione sugli elementi elaborati durante l'intreccio tra le diverse fasi e si valuta l'intero percorso RAP-T. Il ruolo dell'insegnante è ora quello di guidare al confronto sulle molteplici e distinte opinioni e riflessioni ipotizzate e al riconoscimento di eventuali errori come elemento prezioso per giungere alla soluzione del problema multidimensionale. Siamo di fronte ai cittadini della Terra rispettosi, attivi e responsabili che integrano i loro saperi, innescano azioni migliorative, si arricchiscono reciprocamente e ampliano il loro bagaglio educativo, guardando dentro, fuori, sopra, sotto e intorno. In questo modo, imparano a guardare oltre con responsabilità, consapevolezza e amore.

Durante la fase della valutazione, avviene la presa a carico dei micro e del macro problema dell'oggetto di studio nelle sue multidimensioni: insegnante e gruppo classe, nel rispetto del proprio ruolo, individuano gli elementi tangibili (produzione materiale, esseri viventi e non viventi) e intangibili (emozioni, sentimenti, valori) e si impegnano ad una continua partecipazione attiva e positiva per il bene della nostra amata Madre Terra e di tutti gli esseri che la abitano.

Collaborando e condividendo idee e scoperte, alunni ed alunne hanno sfogliato con naturalezza tutti gli aspetti del problema, guidati da quel sentimento vivo e profondo diffuso dal respiro dell'albero, che li ha tenuti uniti e propositivi.

Conversiamo e il gruppo individua le risposte non sostenibili in relazione al problema complesso:

–Si tagliano troppi alberi per fare la carta.
–Le persone rovinano gli alberi e gli animali non hanno più la loro casa.
–Il fumo delle macchine non fa respirare l'albero e poi le foglie muoiono e non ci possono dare l'ossigeno.
–Anche il fumo delle fabbriche non fa respirare gli alberi.
–Si tagliano troppi alberi per fare le cose.
– Quando fa caldo e non piove gli alberi non hanno l'acqua.

– Le buste di plastica che volano si impigliano nei rami.
– Quando i maschi dicono che sono più bravi delle femmine ad arrampicarsi sugli alberi.

Il giorno dopo leggo al gruppo le risposte raccolte durante la conversazione e insieme riflettiamo per trovare le soluzioni sostenibili, a partire dalla casa nell'albero:

– Se si taglia un albero si deve controllare se c'è un nido con le uova.
– Non si devono distruggere gli alberi.
– Se andiamo in giro a piedi o in bicicletta non si fa tanto fumo.
– Non sprecare la carta.
– Non spezzare i rami perché si arrampicano gli animali.
– Non distruggere i fiori perché le api prendono il polline.
– Non rovinare i frutti perché si mangiano.
– Curare l'albero per non farlo cadere.
– Quando si taglia un albero perché serve, subito si deve piantare un altro albero.
– Voler bene alla natura.
– Si deve dare l'acqua all'albero quando non piove così non muore.
– Costruire le fabbriche lontano dagli alberi.
– Dire ai maschi che le femmine sono brave ad arrampicarsi sugli alberi come loro.

Si osserva, dalla lettura delle affermazioni del gruppo classe, guidate dai sentimenti di amorevolezza verso l'albero, che esse richiamano diversi aspetti dei 17 obiettivi dell'Agenda 2030. In particolare:

Obiettivo 2: Sconfiggere la fame. Porre fine alla fame, raggiungere la sicurezza alimentare, migliorare la nutrizione, promuovere un'agricoltura sostenibile.

Obiettivo 4: Istruzione di qualità. Fornire un'educazione di qualità, equa e inclusiva, promuovere opportunità di apprendimento permanente per tutti.

Obiettivo 5: Parità di genere. Raggiungere l'uguaglianza di genere e l'empowerment di tutte le donne e le ragazze.

Obiettivo 12: Consumo e produzione responsabili. Garantire modelli sostenibili di produzione e di consumo.

Obiettivo 15: Vita sulla Terra. Proteggere, ripristinare e favorire un uso sostenibile dell'ecosistema terrestre, contrastare la desertificazione, arrestare il degrado del terreno, fermare la perdita della diversità biologica.

3. Quali guadagni formativi vengono acquisiti durante il processo formativo sostenibile delle nuove generazioni di cittadini della Terra promosso dalla RAP-T?

Questo percorso mi ha permesso di migliorare il mio lavoro, di capire che la transdisciplinarità può essere un ottimo strumento di ulteriore qualificazione professionale, mettendomi in discussione e rafforzando la base scientifica alle nostre "buone pratiche". Ho capito che bisogna guardare oltre per continuare ad imparare ed avvicinarmi al mondo dei nostri alunni e delle nostre alunne con strumenti sempre più adeguati ai cambiamenti.

Ho promosso e guidato il percorso seguendo le linee guida di quella che io definisco didattica interconnessa che, grazie alla RAP-T, ha evidenziato, con il contributo delle discipline, il collegamento tra i saperi approfonditi degli alunni e delle alunne al fine di interpretare la realtà complessa. Ho insegnato che non c'è separazione tra i saperi, tra le conoscenze: tutto è connesso.

Il gruppo ha individuato il problema multidimensionale e la sua risoluzione, ha scoperto tanti aspetti che sono collegati tra loro cogliendo la complessità della realtà: la transdisciplinarità è partita da una realtà, oltre e prima delle discipline che hanno poi dato il proprio contributo per risolvere il problema multidimensionale.

Secondo la logica transdisciplinare del *Terzo Incluso*, viene superata la logica dualistica degli opposti e viene introdotto un terzo elemento che unisce e permette di eliminare forme di antagonismo: il *Terzo Incluso* diventa il terzo punto di vista della realtà e ne interpreta i molteplici significati. I diversi punti di vista si intrecciano formando una rete di saperi arricchiti e complessi e aprono la strada alle possibili soluzioni dei problemi nei vari contesti di vita. La logica del *Terzo Incluso* attiva l'agire collaborativo e cooperativo dei cittadini della Terra in un rapporto di sostenibilità.

Tra l'albero e il gruppo si è instaurato un legame, un filo sottile, ma resistente, che ha unito due elementi tra loro opposti. Il senso di cura, di benevolenza e premura reciproco è quel legame che li ha tenuti insieme: il bambino e la bambina si sono presi cura dell'albero con responsabilità, allo stesso modo, l'albero ha trasmesso cura donando i suoi frutti, il suo legno, le sue foglie, la sua protezione e solidità. Ogni rapporto mira alla creazione di un terzo elemento (il legame tra genitori, tra colleghi, tra amici), così il legame tra l'albero e il gruppo ha generato il senso di cura, quale Terzo Incluso tra i due punti di vista opposti.

Il legame di cura ha favorito il riconoscimento dei diritti e dei doveri verso tutte le forme viventi e non viventi presenti sul nostro pianeta. Essere cittadini rispettosi, attivi e responsabili significa attivare azioni sostenibili seguendo quel sentimento di cura e amore verso la nostra Madre Terra e verso tutti gli esseri viventi e non viventi che la abitano.

Bibliografia

Montessori, M. (2014). Impariamo dai bambini a essere grandi. Milano: Garzanti.

—, (2017). La mente del bambino. Milano: Garzanti.

Morin, E. (1993). Terre-Patrie. Paris: Éditions du Seuil.

—, (1994). La Complexité humaine. Paris: Flammarion.

—, (2017). Le Temps est venu de changer de civilisation, (avec Denis Lafay). La Tour-d'Aigues: Editions de l'aube.

—, (2017b). Connaissance, Ignorance, Mystère. Paris: Editions Fayard.

—, (2020). Quelle école voulons-nous? La Passion du savoir (avec Jean-Michel Blanquer). Auxerre: Éditions Sciences humaines.

Nicolescu, B., (2016). Le Tiers Caché dans les différents domaines de la connaissance. L'Isle-sur-la-Sorgue: Bois d'Orion.

Orefice, P. (2000). La création des connaissances par la pédagogie environnementale, dans J.P. Hautecoeur (Coord.), Education écologique dans la vie quotidienne. Québec: Ministère de l'Education du Québec/ Institut de l'UNESCO pour l'Education: Alpha 2000.

—, (2003). La formazione di specie. Per la liberazione del potenziale di conoscenza del sentire e del pensare. Milano: Guerini.

—, (2014). Ciudadanía emancipada a través de la investigación acción participativa: en la búsqueda de nuevos paradigmas de desarrollo humano. Santiago/ Florence: Editorial de la Universidad de Santiago de Chile, FirenzeUniversity Press (eBook).

—, (2015). The Pedagogical model of Participatory Action Research, in AA. VV., Lifelong learning devices for sustainable local development: the study circles experience in the crossborder area Italy-Slovenia. Pisa: ETS.

—, (2019). Disagio storico della scuola e paradigmi della civiltà sostenibile. Introduzione, A cura di L. Berlinguer, A. Marcello, A.F. Rocca, Il modello formativo dell'autonomia didattica. Roma: MIUR.

Varagone, E. (2018). Avventure alla fattoria di Ugo. Messina: Cm2 Publishing.

—, (2021). Io nel passato, nel presente e nel futuro: l'autobiografia linguistica, in AA.VV., "Unu, dy, sãn!" Proposte operative per la didattica plurilingue nella scuola del primo ciclo. Bologna: Edizioni La Linea, pp. 132-142.

Gli Autori

Paolo Orefice

Professore Ordinario di Pedagogia generale e sociale presso l'Università di Firenze dal 1990; dal 2006 è stato nominato Direttore della Cattedra Transdisciplinare UNESCO in "Sviluppo Umano e Cultura di Pace" presso la stessa Università, dove dal 2012 è Professore Emerito di Pedagogia generale e sociale.

In precedenza è stato Assistente e Professore Associato di Pedagogia presso l'Università di Napoli Federico II (1974-1987), e Professore Ordinario di Pedagogia generale e sociale presso l'Università di Chieti Gabriele D'Annunzio (1987-1990). Dal 2018 ad oggi è Professore Ordinario di Didattica presso l'Università Telematica di Benevento Giustino Fortunato.

Presso l'Università di Firenze ha ricoperto diversi incarichi istituzionali: Preside della Facoltà di Scienze della Formazione e Presidente della Conferenza Nazionale dei Presidi delle stesse facoltà, dal 1995 al 2003; Prorettore all'Innovazione e alla Qualità dell'Istruzione dal 2003 al 2006 e, nei tre anni precedenti, Delegato dell'Ateneo per CampusOne e i rapporti con il territorio. È stato anche Direttore della Scuola di Dottorato e del Dottorato in Scienze dell'Educazione, dal 2001 al 2011 e, in precedenza, è stato Direttore del Master e consulente sulla qualità della formazione (2003-2005) e del Master in Sviluppo Umano Locale, Cultura di Pace e Cooperazione Internazionale (2006-2011).

La sua principale linea di ricerca, maturata negli anni attraverso studi teorici e lavoro sul campo, in particolare nell'ambito della cooperazione internazionale, si concentra sul "modello locale dei processi formativi", che si alimenta delle potenzialità dell'esperienza sensoriale, emotiva e razionale e si orienta, nei diversi livelli e ambiti dell'azione educativa, allo sviluppo del sistema dei saperi personali, individuali e collettivi in relazione allo sviluppo immateriale e materiale della qualità dei territori da parte dei soggetti e dei gruppi più svantaggiati. Il modello, nel corso dell'esperienza fiorentina, è stato approfondito nelle basi epistemologiche e teoriche e nelle opzioni strategiche e metodologiche attraverso l'approccio transdisciplinare nelle Scienze dell'Educazione Complesse, nella transizione storica dell'Eco-umanesimo della Terra.

Riguardo ai temi sopra indicati, ha una vasta esperienza nella direzione scientifica e nella gestione di progetti locali e nazionali, europei e internazionali ed è coinvolto in azioni di ricerca e cooperazione internazionale, soprattutto in America Latina e, negli ultimi anni, anche in Africa, per la formazione transdisciplinare dei cittadini della Terra allo sviluppo umano e alla cultura della pace.

La sua attività associativa nazionale e internazionale nel campo dell'educazione, sul piano delle sue teorie, metodologie, strategie e politiche, si è manifestata negli anni in qualità di membro di organi direttivi, e in alcuni casi come membro fondatore di associazioni scientifiche, associazioni nazionali (quali AIDEA, AIEC, SICESE, SIPED, EDAFORUM, Commissione Nazionale dell'UNESCO) e internazionali (quali ICAE, ICEA, CESE, WCCES) ed è stato membro del Consiglio Direttivo dell'Istituto UNESCO di amburgo per l'apprendimento permanente.

Attualmente è membro del Comitato Internazionale del 3CMT in qualità di Presidente di uno dei suoi quattro comitati organizzatori (Comitato CTU, Italia).

Inoltre, fa parte della Rete delle Cattedre UNESCO italiane (ReCUI), di cui è stato portavoce (10/2022-3/2023).

Carlo Orefice

Dal 2016 è Professore Associato di Pedagogia generale e sociale presso l'Università di Siena (Italia). Ph.D. in Scienze Antropologiche, la sua attività di ricerca e docenza si concentra attualmente sulla Pedagogia di comunità e la Pedagogia della cura, prestando particolare attenzione alle antropologie del corpo e alle esperienze di malattia.

Ha svolto attività di insegnamento, ricerca e intervento presso università ed organizzazioni in America Latina e Africa e attualmente partecipa a progetti interuniversitari in Italia e all'estero (Spagna, Messico, Colombia, Cile). Ha presentato le sue opere su riviste nazionali e internazionali ed è autore di volumi e monografie che disegnano le sue principali linee di ricerca.

Da ottobre 2020 a ottobre 2021, in qualità di "Adjunct Professor" di Cattedra UNESCO, è stato membro del Comitato Italia del 3CMT.

Da marzo 2020, per l'Università di Siena, è Coordinatore della "Red latinoamericana para el cambio social y el aprendizaje emancipatorio".

Da giugno 2023 è abilitato dal Ministero dell'Università e della Ricerca a Professore Ordinario nel Settore di competenza 11/D1 (Pedagogia e Storia della Pedagogia).

María Herminia Quiñelen Martínez (Lawentuchefe de la nación Mapuche)

Appartengo ad un antico gruppo di donne della medicina che vivono nella comunità Quilaco Bajo, Nueva Imperial, nella Regione di La Araucanía. All'età di 7 anni fui iniziata tramite una cerimonia dalla mia zia paterna Francisca Quiñelen, donna della medicina originaria di Queopue, e ho cominciato così a ricevere un'educazione basata sulle piante e la vegetazione che possono avere proprietà medicinali: tutto ci fa ammalare e molte cose possono guarirci se sono di una natura affine alla persona.

Sono iniziati i sogni, le interpretazioni da parte della comunità di origine fino ad arrivare alle regole della cultura occidentale. Con la scuola è stato un incontro violento: il taglio dei capelli, l'abito occidentale, l'obbedienza e la punizione in una scuola religiosa. Ho studiato all'università, ma ho sempre lavorato sulla cultura dei miei sogni e sul mio territorio ancestrale. Sono un'ostetrica, con più di 900 parti intra domestici, alcuni in ospedale. Ho tenuto lezioni durante insegnamenti di medicina in cliniche private, comuni, ministeri, università, ospedali e altri enti, sempre concentrandomi sul/i paziente/i. Ho creato i Circoli delle Donne, che sono delle scuole femminili per recuperare la cultura dell'Essere Donna: "Che Domo". Ho creato Scuole Itineranti di Medicina Indigena e realizzo Laboratori di Piante Medicinali nella città di Santiago. Sono membro dell'Organizzazione Mapuche Dhegñin Winkull, guidata da mia madre Rosa Martínez Catril, a Huechuraba, un comune di Santiago.

Mi prendo cura dei pazienti in alcune province dell'Argentina e ho effettuato parti in altri paesi.

Spero che i miei nipoti trovino queste parole. Saluti e buona vita.

Abdoulaye Konte

Abdoulaye KONTE è nato l'8 gennaio 1968 a Dakar, la capitale del Senegal. È cresciuto a Saint-Louis e ha compiuto i suoi studi primari e secondari in questa città ricca di storia. Formatosi come insegnante, ha lavorato come professore di storia e geografia per diciannove anni, prima a Tambacounda, nel sud-est del Senegal, poi a Bambey, nel centro del Senegal. È stato preside di una scuola secondaria per dodici anni. Nel corso della sua carriera è stato fortemente coinvolto nello sviluppo dell'educazione alla cittadinanza internazionale, allo scambio reciproco di conoscenze e all'ecologia nelle scuole secondarie.

Il contatto con la Cattedra UNESCO dell'Università di Firenze lo ha portato a integrare il lavoro sulla Transdisciplinarità nel suo campo di lavoro.

Josep-Eladi Baños

Laureato in Medicina presso l'Università Autonoma di Barcellona (UAB) e Dottore in Medicina con premio straordinario (UAB). È professore di farmacologia presso l'Universitat Pompeu Fabra (UPF) e di farmacologia clinica presso l'Universitat de Vic - Universitat Central de Catalunya (UVic-UCC). È stato vicerettore alla "Docencia y Ordenación Académica" presso la UPF e attualmente è rettore dell'UVic-UCC. È stato visiting professor presso la McMaster University, la Universidad de Chile e l'Università di Firenze.

Ha ricevuto il terzo premio per la ricerca e l'innovazione educativa dal Ministero dell'Istruzione e della Scienza di Spagna e quattro distinzioni "Vicens Vives" per l'innovazione didattica dalla Generalitat de Catalunya. Si è occupato dello studio farmacologico della giunzione neuromuscolare, della progettazione di nuovi farmaci per la malattia di Alzheimer, dello studio dei meccanismi del dolore neuropatico e dell'epidemiologia e psicometria del dolore.

In campo educativo si è interessato ai modelli di apprendimento centrati sullo studente e all'uso delle discipline umanistiche nell'insegnamento medico, in particolare all'uso della letteratura, del cinema commerciale e delle serie televisive come metodi di insegnamento nelle scienze della vita e della salute.

Afef Hagi

Nata a Tunisi (Tunisia), psicologa clinica, ha studiato psicologia presso l'Università di Parigi VIII Vincennes (Francia) e ha conseguito un Dottorato in metodologie della ricerca per i servizi socio-educativi presso l'Università di Firenze (Italia). Nel 2006 ha co-fondato l'*Associazione Pontes des tunisiens en Italie* e nel 2011 l'*Associazione Pontes Tunisie*. Ha partecipato alla creazione dell'associazione e all'effettiva implementazione di progetti di cooperazione internazionale tra Tunisia e Italia. La sua esperienza nel campo della cooperazione internazionale si basa su un profilo scientifico interdisciplinare, che comprende contributi dalla psicologia, pedagogia e studi interculturali. Dal

2005 è direttrice della cooperazione internazionale presso l'Associazione Pontes, coordinando progetti nei settori della salute, migrazione, educazione e politica regionale. Ha pubblicato libri e articoli su vari argomenti, tra cui il ruolo della diaspora nel processo di transizione democratica in Tunisia, la cittadinanza transnazionale, la diversità culturale e le dinamiche migratorie contemporanee.

Stefania Vitali

Architetta. Laureata presso la Facoltà di Architettura dell'Università di Firenze. Esperta in pianificazione e rivitalizzazione urbana, pianificazione urbana sostenibile, progetti partecipativi. È stata Cultore della Materia per il Laboratorio di Progettazione Architettonica III della Facoltà di Architettura di Firenze, Prof. Fabio Fabbrizzi, dal 2011 al 2015. Ha svolto attività didattica per la Facoltà di Architettura di Firenze, nel Master di secondo livello *"Architettura sostenibile nelle città mediterranee* (porti e lungomare)".

Come architetto ha partecipato al workshop OSHNET, nell'ambito del progetto OSH-EASTNET finanziato dal Programma Comunità Europea-IPA 2008 "Ambiente, efficienza energetica, salute e sicurezza sul lavoro" con una presentazione dal titolo "Livorno City: The New Maritime Station as a Centre for Urban and Infrastructural Regeneration".

Dal 2015 è membro dell'Unità di Ricerca PPcP del Dipartimento di Architettura di Firenze, dove ha realizzato progetti di ricerca per la progettazione partecipata per Piazza del Carmine, Piazza del Cestello e il quartiere Novoli di Firenze. Dal 2018 è Membro Associato della Cattedra Transdisciplinare UNESCO "Sviluppo Umano e Cultura di Pace" dell'Università di Firenze, seguendo anche il percorso RAP-T nei progetti riguardanti il quartiere di Novoli.

Enza Varagone

Sono insegnante di scuola primaria presso l'Istituto Comprensivo Iva Pacetti di Prato (Italia). Il mio percorso professionale ha inizio nell'anno 2000 quando conseguo l'abilitazione come docente di scuola dell'infanzia e di scuola primaria. Nel 2007 decido di trasferirmi a Prato dove insegno alla scuola dell'infanzia. Nell'anno scolastico 2016/2017 effettuo il passaggio di ruolo alla scuola primaria. Qui svolgo percorsi di ricerca didattica e attività laboratoriale (CIDI Prato); di ricerca-azione stratificata partecipando a percorsi didattici stratificati per livelli linguistici (Apprendimento Linguistico Cooperativo-Stratificato di

Alan Pona); di ricerca-azione trasformativa per la valorizzazione e l'uso di tutte le lingue in classe (Translanguaging, Università di Siena); di ricerca-azione partecipativa transdisciplinare (RAP-T, CTU, Paolo Orefice).

Dall'esperienza professionale come docente di scuola dell'infanzia ho potuto osservare che i bambini, dai tre ai sei anni, esplorano e indagano la realtà in maniera non lineare. Alla scuola primaria ho quindi scelto un approccio didattico interconnesso, che raccogliesse e unisse gli aspetti delle diverse discipline per favorire la costruzione di forme di sapere complesso. Nell'A.A. 2020/2021 divento membro aggiunto della Cattedra Transdisciplinare Unesco dell'Università di Firenze: raggiungo la consapevolezza che l'apprendimento dei bambini è transdisciplinare, per cui l'insegnamento deve adeguarsi ad esso.

La copertina

In copertina appare una ragazza dalla carnagione scura che porta con entrambe le mani due piante; questa immagine è una metafora della sostenibilità che le culture ancestrali praticano da millenni in equilibrio con l'ambiente naturale. Questa ragazza simboleggia le nuove generazioni di fronte alla sfida di un capitalismo globalizzato che reifica la natura e quindi la distrugge spietatamente. Due farfalle dai colori vivaci si posano sulle piante come simbolo della bellezza e della fragilità che le pratiche umane mantengono con l'ambiente.

Sullo sfondo si può vedere un globo verde con alcune foglie e alberi, che mostra la maggior parte dei continenti come metonimia dell'umanità. Si possono anche vedere alcuni animali in bianco: un elefante, alcuni cervi, un coniglio e degli uccelli in volo, oltre a un altro appollaiato su un albero a simboleggiare il resto delle specie animali. Questo insieme funziona come un orizzonte a cui aspiriamo, quello di un equilibrio ecologico con la Madre Terra e il resto degli esseri viventi. In questo modo, l'illustrazione completa il significato del titolo del libro riguardo alla sfida transdisciplinare per la civiltà sostenibile a cui aspiriamo come parte di quell'umanità sensibile e pensante nel XXI secolo.

Oscar Ochoa Flores